논·술·세·계·대·표·문·학

8

마지막 수업

알퐁스 도데 | 황종표 엮음

두 노인 · 어머니 · 소년 스파이 · 아를의 여인 · 당구 게임 · 별
못된 알제리 병사 · 나룻배 · 기수 · 거울 · 스강 씨네 새끼산양 외

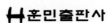 훈민출판사

프랑스 프로방스 마셀리에의
전경 – 도데는 프로방스 지방
에서 태어났다.

The Best World Literature

파리의 상징인 에펠탑

도데의 캐리커처

프랑스 프로방스 지방의 라벤더 농장

〈마지막 수업〉의 배경인 프랑스 알사스 로렌 지방

알퐁스 도데

프랑스 샤모니의 설경

The Best World Literature

파리의 콩코르드 광장

자전거를 타는 프랑스 어린이들

구인환(丘仁煥)

서울대학교 사범대학 졸업. 동 대학원 졸업(문학박사)
서울대학교 명예교수, 소설가(현). 서울대학교 사범대학 국어교육연구소 소장(현)
문학과문학교육연구소 소장(현). 국제펜 한국본부 부회장(현)
한국소설문학상(1987). 예술문화대상(1994). 한국문학상(2000)
작품 〈숨쉬는 영정〉, 〈살아 있는 날들〉, 〈일어서는 산〉 외 다수

- **저서** 《한국단편소설의 이해》, 《한국현대소설의 비평적 성찰》,
  《고교생이 알아야 할 소설》, 《고교생이 알아야 할 세계단편소설》 외 다수

기
획
·
감
수

윤병로(尹柄魯)

성균관대학교 국어국문학과 졸업. 동 대학원 졸업(문학박사)
성균관대학교 교수, 문학평론가(현). 한국현대소설학회장(현)
한국문예학술저작권협회 이사(현). 한국간행물윤리위원회 위원(현)
한국펜 문학상(1987). 한국문학상(1988). 대한민국문학상(1989)
수필집 《나의 작은 애인들》 외 다수

- **저서** 《현대 작가론》, 《한국 현대 소설의 탐구》,
  《한국 근대 작가 작품 연구》, 《한국 현대 작가의 문제작 평설》 외 다수

홍성암(洪性岩)

고려대학교 국어국문학과 졸업. 한양대학교 대학원 국어국문학과 졸업(문학박사)
동덕여자대학교 교수, 소설가(현). 한국문인협회 회원(현)
한국소설가협회 이사(현). 국제펜 한국본부 소설분과 이사(현). 한민족 문화학회 회장(현)
창작집 《큰 물로 가는 큰 고기》, 《어떤 귀향》 외
대하역사소설 《남한산성》 (전9권) 외 다수

- **저서** 《문학의 이해》, 《현대 작가론》, 《한국 근대 역사소설 연구》 외 다수

밤하늘의 별 – 작품 〈별〉의 배경이 되었다.

논술 *세계대표문학*을 펴내며

　21세기의 사회는 '**전자 문명 시대**'라 일컬어질 만큼 오늘날 전자 산업은 우리 생활의 거의 모든 분야에 다양하게 응용되고 있습니다. 출판 분야 또한 예외는 아니어서, 종래의 서책(Book) 대신에 이른바 '전자책(CD-ROM)'의 출간이 최근 들어 날로 증가하고 있습니다.

　그러나 이러한 전자책은 영상 또는 모니터상으로 흥미 위주나 백과사전식 지식을 습득하는 데는 효과적일지 모르지만, 문학 공부를 위해서는 별로 도움이 되지 않습니다. 바꾸어 말하면, 문학 공부는 각 지면마다 살아 숨쉬는 표현 하나하나를 독자 자신의 머리로 음미하면서 작품을 읽어 나가는 가운데, 풍부한 상상력의 배양과 함께 작가의 의도와 그 작품의 내면을 깊이 있게 이해함으로써 이루어지는 것입니다.

　이에 훈민출판사에서는, 자라나는 학생들이 범람하는 영상 매체에 길들여지기 전에, 어려서부터 유명한 세계문학 작품들을 책자를 통하여 감명 깊게 읽고 감상함으로써, 올바른 문학 공부의 기틀을 다지고, 아울러 전인 교육도 할 수 있도록 《논술 세계대표문학(전60권)》을 펴내게 되었습니다.

　작품 선정은, 초·중·고등학교 국어 교과서와 역사 교과서에 실리거나 소개된 문학 작품을 중심으로 하되, 그리스 신화와 성경 이야기 등의 고전에서부터 중세·근대·현대에 이르기까지 세르반테스·셰익스피어·톨스토이 등 세계 유명 작가들의 장·단편 소설들을 엄선·수록하였습니다. 또 세계의 명시도 별권으로 엮었으며, 특히 각 단락마다 '**논술 문제**'를 제시하여, 장차 대학입시를 비롯한 각종 '논술 고사'에 예비 지식을 쌓을 수 있도록 배려하였습니다. 아무쪼록, 이 《논술 세계대표문학(전60권)》이 자라나는 학생들에게 문학 공부의 주춧돌이 되고, 나아가 미래를 살아가는 데 **정신적 자양분**이 되기를 진심으로 바라 마지않습니다.

훈민출판사

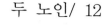

차례

마지막 수업

도 데

지은이

1840~1897년. 프랑스 님에서 출생. 어린 시절, 가난하다는 이유로 학교에서 동급생
과 선생들로부터 잦은 괴롭힘을 당했다. 그는 가난하고 고통받는 사람들과 사회에서 버
림받은 사람들을 따뜻한 시선으로 작품 속에 그려냈다. 산뜻하고 우아한 문체, 사회에 대
한 세밀한 관찰과 유머, 그리고 환상을 작품에 담아 어린 독자들의 사랑을 받았다. 흔히
영국의 디킨스와 비교된다.
주요 작품으로 〈마지막 수업〉, 〈별〉 등이 있다.

두 노인

"내게 온 편진가요, 아장 영감님?"

"네……. 파리에서 왔군요."

사람 좋은 아장 영감은 파리에서 편지가 왔다는 것이 자랑스러운 모양이었다. 그러나 나는 달랐다. 아침 일찍 장 자크 거리에서 날아와 내 책상을 놀라게 한 이 편지가 오늘 하루를 엉망으로 만드는 건 아닐까? 내 생각은 그대로 들어맞았다. 편지 내용은 다음과 같았다.

자네에게 부탁이 한 가지 있네. 하루쯤 예정으로 풍차 방앗간을 닫고 에이기예르로 가 주지 않으려나? 에이기예르는 자네 있는 곳에서 1.5킬로미터쯤 떨어진 한적한 시골 마을이니 산책하는 기분으로 가면 될 걸세. 거기 도착하면 고아원을 찾게. 그 고아원 바로 옆에 나지막한 지붕, 회색 문에 작은 뒤뜰이 있는 집이 있네. 두드리지 말고 그냥 들어가게.(문은 늘 열려 있으니까.)

집에 들어가서는 큰 소리로 '안녕하십니까? 저는 모리스의 친구입니다!' 하고 외치는 거야.

그러면 작달막한 키의 두 노인이(노인 중에서도 아주 늙은 축에 속하지.) 큰 안락 의자 안에서 두 팔을 내밀 걸세. 자네 할아버지와 할머니를 만난다는 기분으로 자네가 내 대신 그분들을 따뜻하게 안아 드리게. 그런 다음 이야기를 나누는 거야.

그분들은 보나마나 내 얘기만 할 테고, 그 얘기란 게 따분하고 지루한 내용일 것이 분명하지만, 절대로 웃지 말고 귀를 기울이고 있게……. 웃지 말게. 알았지?

그 노인들은 나의 할아버지와 할머니라네. 내가 그 두 분 삶의 전부나 마찬가진데, 10년 이상이나 만나뵙지 못했다네. 10년이 짧은 세월인가? 그렇지만 어쩔 수가 없었네. 나는 파리에서의 분주한 생활을 벗어나기가 어려웠고, 두 분은 워낙 연세가 많으시니까…….

너무 노쇠하셔서, 만약 나를 만나기 위해 길을 떠난다면 도중에서 쓰러지시고 말 거야. 자네가 가까이 살고 있는 게 얼마나 다행인지 모르겠네.

여보게, 풍차 방앗간 친구. 그 가엾은 두 노인네는 자네를 안으면서 얼마쯤은 나를 안은 기분을 맛보실 수 있을 거야. 내가 그분들께 자네와 나 사이의 뜨거운 우정에 대해 얼마나 강조했는지 아나?

그놈의 빌어먹을 우정! 그날 아침은 맑기는 하지만 바람이 세고 햇볕이 지나치게 뜨거운 프로방스 특유의 날씨였으므로 외출하기에는 적합치 못했다.

이 짜증나는 편지가 오기 전에 나는 이미 두 개의 바위틈에 '피난처'를 만들어 놓고, 솔가지를 흔들고 지나가는 바람 소리를 벗삼아 도마뱀처럼 일광욕이나 할 계획을 세워 두었던 것이다. 그러나 이제는 별수없게 되었다. 투덜투덜 불평을 하며 풍차 방앗간 문을 닫아 건 다음, 고양이가 지나다니는 구멍에 열쇠를 놓아 두었다. 그리고 나는 지팡이와 파이프를 집어들고 거리로 나섰다.

내가 에이기예르에 도착한 것은 오후 두 시쯤이었는데, 다들 들일을 나갔는지 마을 전체가 조용한 느낌이었다. 뽀얀 흙먼지를 뒤집어쓴 채 큰길 양옆에 늘어선 느릅나무에서는 그로(론 강변의 자갈투성이 들판) 한복판에 서 있는 게 아닌가 착각할 정도로 매미가 시끄러운 소리로 울어 댔다.

읍사무소 앞 공장에는 당나귀 한 마리가 햇볕을 쬐며 서 있었고, 교회 우물 위에는 비둘기 떼가 빙빙 돌았다. 그런데 내게 고아원으로 가는 길을 일러 줄 사람은 눈에 띄지 않았다.

그 때 갑자기 묘한 여자가 내 눈앞에 나타났다. 그녀는 어느 집 문 앞에 쭈그리고 앉아 실을 뽑고 있었는데, 내가 고아원이란 말을 입 밖에 내자마자 마치 요술이라도 부리듯 실패를 조금 들어올리는 동작만으로 고아원이 내 눈에 띄도록 해 주었다.

고아원은 크고 우중충한 건물로, 고딕식 현관 위에는 라틴 글자가 빙 둘러 새겨진 붉은 십자가가 자랑스럽게 붙어 있었다. 그리고 그 건물 바로 옆에 좀더 작은 집 한 채가 나란히 서 있었다. 회색의 문, 작은 뒤 뜰. 그 곳이 내가 찾는 집임을 알아차린 나는 노크도 하지 않고 안으로 들어갔다.

서늘하고 조용한 느낌이 드는 기다란 복도, 장밋빛 벽지, 밝은 색 발 사이로 보이는 정원, 액자마다 그려져 있는 색바랜 꽃과 바이올린 등을 아마 나는 평생 잊지 못하리라!

그 때 나는 스텐(1719년에 태어나 1797년에 죽은 프랑스의 작가)이 살았던 시절의 어느 늙은 대법관의 집에 서 있는 것 같은 느낌을 가졌다. 복도 맨 끝 왼쪽 방문이 조금 열려 있었는데, 그 틈으로 괘종시계의 재깍거리는 소리와 어린아이의 책 읽는 소리가 새어 나왔다. 어린아이라고 하지만, 학교에 다니는지 한 음절씩 또박또박 끊어서 책을 읽고 있었다.

"성, 자, 이, 레, 네, 가, 소, 리, 쳤, 다, 나, 는, 주, 의, 밀, 이, 니, 저, 짐, 승, 들, 의, 이, 빨, 에, 부, 서, 지, 리, 라……."

나는 가만가만 다가가 방 안을 들여다보았다.

광대뼈 부근은 불그레하고 손끝까지 주름이 잡힌 한 선량해 보이는 노인이 안락 의자에 몸을 깊숙이 파묻은 채 입을 벌리고, 두 손은 무릎 위에 얹고, 작고 어두운 방의 정적 속에서 잠들어 있었다. 푸른 옷(큰 숄, 작은 모자의 고아원 제복)을 입은 소녀가 그 발치께에서 자기 몸보다 더 큰 책을 들고 성자 이레네 전서를 읽고 있었다.

집안 전체가 이 또록또록한 책 읽는 소리에 감화되어 있었다. 노인은 안락의자에서 잠든 채, 파리는 천장에서, 카나리아는 창틀 위 새장 안에서, 그리고 큰 괘종시계는 재깍재깍 코를 골며……. 닫힌 문틈으로 곧바로 비쳐 들어오는 햇살과 그 안에서 약동하는 불꽃 같은 그 미세한 움직임만이 살아 움직인다고 할 수 있었다. 모두가 평온한 꿈길을 더듬고 있는 속에서 소녀는 조용히 책읽기를 계속했다.

"두 마리의 사자가 곧 성자에게 덤벼들어서 그를 삼키고 말았다……."

바로 그 순간 내가 방 안에 들어섰다. 성자 이레네의 사자가 뛰어들어왔다 해도 그 때 내가 들어선 것보다 더 놀라움을 일으키진 못했을 것이다.

소녀의 입에서 외마디 비명이 새어 나왔다. 큰 책이 요란한 소리를 내며 떨어졌다. 파리, 카나리아도 잠을 깼다. 시계 소리와 함께 노인도 깜짝 놀란 얼굴로 벌떡 일어났다.

나는 몹시 당황해서 그 자리에 우뚝 선 채 소리쳤다.

"안녕하십니까. 전 모리스의 친구입니다!"

아아! 여러분이 그 때의 그 가엾은 노인을 보았더라면! 두 팔을 벌린 채 내게로 다가와 부둥켜안고 내 두 손을 잡더니 온 방 안을 정신 나간 사람처럼 뛰어다니며 '오오, 세상에! 하느님…….' 하는 감탄사를 연발하는 노인을 말이다.

노인의 얼굴은 상기되고, 주름이란 주름은 온통 더 깊어지는 것 같았다. 노인이 더듬거리면서 소리쳤다.

"오오, 당신이! 그러니까 당신이 바로!"

그러더니 노인은 이번엔 안쪽에 대고 소리를 질렀다.

"마메트!"

아주 가벼운 문소리가 들리고, 발소리와 함께 복도를 걸어나온 것은 키 작은 할머니였다. 레이스가 달린 모자에 옅은 갈색 옷을 입고, 나에게 경의라도 표하는 것처럼 고상한 자수가 놓인 손수건까지 들고 있는 마메트 할머니의 자태는 뭐라 말할 수 없이 아름다웠다.

특히 나를 감격시켰던 것은 내외가 놀랄 만큼 닮았다는 사실이었다. 할아버지도 머리에 노란 리본을 맸더라면 영락없는 마메트 할머니였을 것이다. 다만 진짜 마메트 할머니는 평생을 눈물로 보냈기 때문인지 좀 더 주름이 많을 따름이었다.

할아버지와 마찬가지로 할머니도 고아 소녀를 곁에 두고 있었다. 그 푸른 제복의 호위병은 무슨 일이 있어도 그 곁을 떠나지 않았다. 두 고아 소녀의 보살핌을 받는 두 노인. 이 세상에 이만큼 가슴 뭉클하게 하는 정경이 또 있을지 모르겠다.

방 안에 발을 들여놓은 마메트 할머니는 내게 아주 정중한 인사를 하려고 했다. 그러나 그 예의바른 인사는 할아버지의 한 마디에 제동이 걸리고 말았다.

"이분은 모리스의 친구셔."

그 순간, 할머니는 온몸을 떨면서 눈에 눈물이 가득 괴더니, 손수건을 떨어뜨리고 얼굴이 빨개졌다. 할아버지보다 더 빨개졌다. 아, 참으로 가

없은 노인들이었다! 기껏 한 방울 정도의 피가 혈관에 남아 있으면서 조금이라도 감격하면 그것이 이내 얼굴로 솟아오르는 것이다.

"어서 의자를……."

할머니가 시중드는 소녀에게 말했다.

"창문을 열어라!"

할아버지도 자신의 호위병에게 소리쳤다.

그러더니 두 노인은 양쪽에서 내 손을 잡고 얼굴을 좀더 자세히 보려는 듯 열린 창문 쪽으로 이끌고 갔다. 나는 두 노인의 안락의자 사이에 놓인 접는 의자에 앉았다. 내 뒤에 푸른 제복의 호위병들이 버티고 선 채 질문이 시작되었다.

'우리 손자는 잘 지내고 있수?', '무슨 일을 하며 지내우?', '어째서 여기 오지 않는답니까?', '사는 데 불편한 건 없는지?' 하는 식의 질문이 몇 시간이나 이어졌다.

그 모든 질문에 나는 성의있게 대답했다. 즉, 친구에 관해 알고 있는 일은 자세히, 또 잘 모르는 것은 대범하게 만들어서 대답했다. 그리고 잘 때 창문을 제대로 닫는지, 벽지가 어떤 색깔인지 유심히 본 적이 없다고 털어놓는 일 따위는 각별히 삼갔다.

"아, 방의 도배지 말씀이죠? 푸른색이었습니다, 할머니. 꽃무늬가 있는 엷은 푸른색."

"그렇군요! 세상에……. 정말 착한 아이예요."

할머니는 눈물이 글썽해서 할아버지를 바라보았다.

"물론이지. 착한 아이고말고!"

할아버지도 힘주어 대답했다.

이와 같이 두 노인은 내 이야기를 들으며 처음부터 끝까지 고개를 끄덕이거나 상냥하게 미소를 짓거나 눈을 가늘게 뜨고 다 알았다는 듯한 표정을 짓고 있었다. 이따금 할아버지가 내 쪽으로 얼굴을 가까이 대고 이렇게 소곤거렸다.

"조금만 더 큰 소리로 말해 주지 않겠소? 할망구는 귀가 좀 어둡다오."

그리고 할머니는 할머니대로 이렇게 속삭였다.

"소리를 좀 높여 주구려. 우리 영감은 귀가 잘 안 들리니까."

내가 소리를 높이자, 두 분은 흡족한 듯 미소를 지어 보였다.

내 눈 속에서 손자 모리스의 모습을 찾아보려는 듯 내 쪽으로 몸을 기울여 오는 두 노인의 주름투성이 미소 띤 얼굴에서 나는 베일에 싸인 채 엷은 안개 속에서 웃고 있는 듯한, 잡으려 해도 잡히지 않는 친구의 모습을 발견하고 눈시울이 뜨거워졌다.

갑자기 할아버지가 안락 의자에서 일어났다.

"이런, 마메트……. 아마 아직 점심 식사를 안했을 텐데!"

그 말에 할머니도 소스라치게 놀라 두 팔을 높이 쳐들었다.

"세상에, 아직 점심을 안 들었다니!"

나는 그것도 모리스에 관한 이야기라고 생각했으므로, 그 착한 손자는 점심 식사를 늘 열두 시 전에 한다고 대답하려고 했다. 그런데 그 이야기의 주인공은 다름아닌 나였다. 내가 사실은 아직 점심 식사를 하지 않았다는 말을 하고 난 후의 소동은 그야말로 굉장한 것이었다.

"애들아, 빨리 식사 준비를 해라! 방 한가운데로 식탁은 내놓고 주일날 쓰는 식탁보와 꽃무늬 접시를 챙겨. 그렇게 웃고 있지만 말고 어서 서둘러!"

접시를 두세 장 깨뜨리는 것보다 더 빨리 식탁을 차렸을 정도로 소녀들은 잽싸게 움직였다.

"변변치 않은 음식이지만 많이 드시우! 그런데 혼자 드셔야겠구려.

우린 벌써 식사를 했거든."

할머니가 나를 식탁으로 이끌면서 말했다.

가엾은 두 노인! 내가 어느 시간에 방문했든지 그들은 식사를 했다고 대답했으리라.

마메트 할머니가 차려 준 점심은 썩 훌륭한 것은 아니었지만 아주 맛이 있었다. 우유 조금과 대추야자 열매, 그 밖에 살짝 구워 낸 과자 비슷한 바게트……. 그 정도면 할머니와 카나리아의 일주일분 식량은 될 것 같았다. 그런데 그것을 나 혼자 다 먹어치웠던 것이다.

식탁 주위가 술렁거린 것도 무리는 아니었다! 푸른 제복의 소녀들은 서로 옆구리를 찌르면서 소곤거렸고, 새장 안의 카나리아는 '아니, 저 아저씨, 바게트를 다 먹었잖아!' 하고 소리치는 것 같았다.

나는 접시마다 핥아놓은 듯이 먹어치웠다. 그것도 고풍스러운 기운이 감도는 밝고 조용한 방 안에서 주위를 둘러보는 데 정신이 팔려, 내가 어떻게 하고 있는지도 알아차리지 못한 채 말이다.

내 시선은 특히 두 개의 작은 침대에 매달려 있었다. 마치 요람을 나란히 놓은 듯한 그 침대를 보고, 나는 술 달린 커다란 방장 그늘에서 아직 잠자리에 들어 있는 새벽 어스름 속의 두 노인을 떠올렸다.

괘종시계가 세 시를 알린다. 노인들이 눈을 뜨는 때다.

"아직 자, 마메트?"

"아니에요, 영감."

"모리스는 착한 애야."

"그럼요. 정말 착한 애죠."

나란히 놓인 두 개의 침상을 본 것만으로 나는 이런 일련의 대화를 상상했다.

그 사이에 방 한구석 선반 앞에서는 가슴 죄는 장면이 연출되고 있었다. 할아버지가 맨 윗단에 있는 브랜디에 담근 버찌 주를 내리려 하고 있었다. 모리스가 오기를 10년 동안이나 기다리고 있던 그 병이 나를 위해 개봉될 순간이었다.

할머니의 염려에도 불구하고 할아버지는 자신이 손수 버찌 주 병을 내리겠다고 고집을 세웠다. 그리고 조마조마하게 서 있는 할머니 앞에서 의자 위로 올라가 선반 위로 손을 뻗쳤다.

그 모습이 지금도 눈에 선하다. 발꿈치를 쳐든 채 두 다리를 바들바들 떨고 있는 할아버지, 푸른 제복의 소녀들은 그 의자를 부서져라 꽉 잡고, 할머니는 그 옆에서 숨도 제대로 쉬지 못하고 두 손을 모으고 있었다. 정말 사랑스러운 정경이었다.

그런 수고 끝에 마침내 그 유서 깊은 술병은 모리스가 어렸을 때 사용했다는 다 찌그러진 은제 술잔과 함께 간신히 선반 위에서 내려졌다.

버찌 주가 그 술잔에 흘러넘치게 따라졌다. 아마 모리스는 버찌를 몹시 좋아했던 것 같다. 그 잔을 내게 건네주면서 할아버지가 속삭였다.

"이 술을 마시게 되다니, 자넨 정말 행운아야. 이건 마메트가 직접 만든 술인데……. 맛이 좋을 거야."

그런데 참으로 유감스러운 일이었다. 할머니가 직접 만드신 것까지는 좋았는데, 깜박 잊고 설탕을 안 넣었던 모양이다. 어쩔 수 없는 노릇이라는 생각이 들었다. 누구나 나이가 들면 정신이 오락가락하는 법이니까 말이다.

마메트 할머니가 애써 담그신 버찌 주는 너무 끔찍한 맛이었다.

하지만 나는 끝까지 눈살 하나 찌푸리지 않고 전부 마셨다.

식사 후, 나는 두 노인과 좀더 이야기를 나눈 뒤에 작별 인사를 하기 위해 자리에서 일어섰다. 두 노인은 계속 나를 붙들고 당신네 손자에 관한 이야기를 더 듣고 싶은 눈치였다. 그러나 해는 벌써 서산 너머로

기울고 풍차 방앗간까지는 꽤 먼 거리였으므로, 나는 그 정도로 작별을 고할 수밖에 없었다.

할아버지는 내 뒤를 따라 일어섰다.

"마메트, 내 옷 좀 줘요! 이 손님을 광장까지 배웅하고 싶으니까……."

마메트 할머니는 속으로야 할아버지가 나를 광장까지 배웅하기에는 저녁 공기가 차다고 생각했을 테지만, 겉으로는 전혀 그런 기색을 보이지 않았다. 다만 할아버지에게 진주 단추가 달린, 에스파냐 담배 빛깔의 깨끗한 옷을 입혀 드리면서 상냥한 어조로 이렇게 말했을 뿐이다.

"너무 늦지 마세요."

거기에 대해 할아버지는 약간의 심술기가 느껴지게 대꾸했다.

"글쎄, 그야 모르는 일이지. 어떻게 될는지……."

그리고 두 노인은 서로 마주 보며 미소를 지었다. 그 모습을 보고, 푸른 옷의 소녀들도 새장 안의 카나리아도 덩달아 미소를 지었다. 이건 여러분에게만 하는 이야긴데, 모두들 버찌 주 향내에 조금씩 취했던 모양이다.

할아버지와 함께 밖으로 나왔을 때 날은 벌써 어두워져 있었다. 할아버지를 모시고 돌아가기 위해 푸른 옷의 소녀가 멀리서 따라왔다. 하지만 할아버지는 그 소녀를 보지 못했다. 할아버지는 내 팔을 잡고 젊은 사람처럼 걸으며 매우 자랑스러워했다.

그 모습을 마메트 할머니는 현관 계단에서 즐거운 표정으로 내려다보았다. 우리 쪽을 향한 채 만족스럽게 고개를 끄덕이고 있는 그녀의 얼굴은 마치 이런 말을 하고 있는 것 같았다.

"우리 영감은 역시 달라요. 아직도 다리가 그렇게 튼튼하니 말이에요."

어 머 니

오늘 아침에 나는 B군(군 중위이자 화가이기도 하다)을 만나기 위해 발레리앙 산으로 갔다.

그는 마침 위병 근무 중이었기 때문에 그 자리를 떠날 수가 없었다. 그래서 우리는 보루의 갱문 앞에서 파리나 전쟁, 그리고 멀리 떨어져 있는 친구들에 대해 이야기를 하며 마치 보초를 서는 초병처럼 오락가락할 수밖에 없었다.

군복 밑에 풋내기 화가의 모습을 변함없이 간직하고 있던 그가 갑자기 하던 말을 그치고 앞쪽을 바라보며 내 팔을 잡았다.

"아, 마치 도미에의 그림같이 아름답군!"

그가 나지막한 목소리로 말했다.

그리고 그는 사냥개처럼 빛나는 잿빛 눈으로 발레리앙 산의 등성이에 나타난 두 노인의 모습을 손가락질했다.

과연 멋진 도미에의 그림 같은 장면이었다. 남자는 긴 갈색의 프록코트 차림이었다. 푸르스름한 비로드가 마치 나무에 붙은 이끼같이 보였다. 여위고 작은 체구, 붉은 얼굴, 좁은 이마에 눈은 동그랬다. 그런데다가 매부리코에 한껏 점잔을 뺀 듯한 그 아둔해 보이는 얼굴은 영락없이 주름투성이 새 같았다.

그리고 그는 주둥이가 삐죽 나와 있는 꽃무늬 보자기를 들었고, 한쪽

겨드랑이 밑에는 통조림을 끌어안고 있었다. 파리 사람이라면 누구든지 그 다섯 달 동안의 포위를 연상하게 되는 바로 그 통조림 깡통이었다.

여자 쪽은, 처음엔 너무 크다 싶은 보닛 모자와 마치 그녀의 불행을 대변하는 듯 위아래로 꼭 감싸고 있는 낡은 숄만 눈에 띄었다. 그리고 보닛의 색바랜 주름 장식 사이로 끝이 뾰족한 코와 부스스한 잿빛 머리카락이 간간이 엿보였다.

언덕 위에 오르더니, 한숨 돌리려는 듯 남자는 걸음을 멈추고 이마의 땀을 닦았다. 사실 11월의 안개에 싸인 언덕은 별로 덥지 않았다. 아마 그들이 서둘러 왔기 때문일 것이다.

그러나 여자 쪽은 걸음을 멈추지 않았다. 곧바로 갱문 쪽을 향해 걸어와서 무슨 말인가 하고 싶다는 표정으로 잠시 망설이듯 우리 쪽을 바라보았다. 하지만 금줄이 쳐진 군복에 기가 죽었는지, 보초에게 말을 걸었다. 나는 제3대대 제6중대 소속의 아들을 만나고 싶다고 간청하는 그녀의 겁먹은 듯한 조심스러운 목소리를 들었다.

"여기 잠깐 계십시오. 곧 불러 드리겠습니다."

보초가 말했다.

그녀는 휴우 안도의 숨을 내쉬며 기쁨에 들뜬 눈으로 남편을 돌아보았다. 두 사람은 거기서 조금 떨어진 비탈길 쪽에 가서 나란히 앉았다.

그들은 거기서 한참 동안 기다렸다. 이 발레리앙 산은 말할 수 없이 커서 광장이나 경사진 둑, 보루, 그리고 크고 작은 군사들의 숙소가 여기저기 틀어박혀 있었다. 이 복잡하기 짝이 없는 지형, 곧 구름 속으로 소용돌이처럼 맴도는 라퓨터 섬(스위프트가 쓴 〈걸리버 여행기〉에 나오는 섬)과 같이 땅과 하늘 사이에 걸쳐져 있는 이 산에서 제6중대의 대원 한 명을 찾는다고 생각해 보라.

보루는 지금 시간에는 북소리와 나팔 소리, 이리저리 뛰어다니는 병사, 덜그럭거리는 수통 소리로 정신이 없을 것이 분명했다. 보초 교대, 잡다한 일, 식료품 배부, 피투성이가 된 채 총의 개머리판으로 쿡쿡 찔려 가며 의용군에게 끌려 나오는 스파이, 탄원을 위해 장군을 찾는 낭테르의 농민들, 말을 타고 달리는 급사, 추위에 떠는 사람, 땀 흘리는 동물, 병든 새끼양처럼 나지막한 신음 소리를 내는 부상자들을 옆구리에 걸상이 달린 안장에 태운 채 전방에서부터 흔들거리며 돌아오는 노새들, '영차!' 하고 호각 소리에 맞추어 새 대포를 끌어올리는 병사들, 붉은 바지 차림에 채찍을 들고 등에 총을 멘 양치기에게 쫓겨나오는 보루의 가축들…… 이런 모든 것들이 광장을 오가다 서로 부딪치기도 하며, 동방의 상인들이 여관의 나지막한 문으로 들어가듯 갱문으로 몰려들어오는 것이다.

그것을 보며 어머니의 눈은 이렇게 말하고 있었다.

'저 사람들이 내 아들 일을 잊어버리지 말아야 할 텐데…….'

그녀는 5분 간격으로 일어나, 입구 쪽으로 가만가만 다가가서 벽면에 몸을 붙인 채 앞뜰 쪽으로 겁먹은 시선을 던졌다. 하지만 아들을 웃음거리로 만들고 싶지 않았으므로, 결코 무엇을 묻거나 하지는 않았다. 남편은 아내보다 훨씬 더 소심했기 때문에 꼼짝도 하지 않고 그대로 앉아 있었다.

그는 아내가 서럽고 실망한 표정으로 돌아와 앉을 때마다, 그 정도도 참지 못하느냐고 호통을 치거나 짐짓 모든 사정을 안다는 듯 우둔해 보이는 태도로 근무하는 데 있어서의 어려운 점을 애써 설명하곤 했다.

직접 보지 않아도 충분히 짐작할 수 있는 사소하면서도 조용한 집안의 말다툼, 또 거리를 지나갈 때 바로 옆에서 흔히 벌어지는 이런 종류의 무언극에 나는 늘 큰 흥미를 느끼곤 한다.

하지만 이 장면에서 내 마음을 사로잡았던 것은 이 두 남녀의 어색함과 선량함이었다. 천사 역을 연기하는 두 배우의 영혼과도 같이, 티없고 맑은 그들의 표정과 사랑스러운 가정 드라마 연기에서 나는 가슴 뭉클한 감동을 느꼈다.

나는 마음속으로 다음과 같은 상황을 상상해 보았다.

어느 날 아침, 어머니는 생각한다.

'트로시 장군이라는 그 양반, 너무 규칙만 까다롭게 내세워서 문제야. 벌써 석 달째나 우리 아이를 만나지 못했어. 가서 안아 주고 싶은데…….'

소심한 성격에다가 생활에 찌들린 남편은 허가를 얻는 데 필요한 여러 가지 절차를 생각하고 은근히 불안해져서 아내를 설득하려 한다.

"당신은 왜 그 발레리앙 산이 얼마나 먼지를 생각 못하지? 차도 타지 않고 걸어가야 하고, 성곽이란 데는 여자들이 드나들 수 없게 되어 있어."

"나는 들어갈 수 있어요."

아내는 말한다.

아내의 부탁이라면 거절하지 못하는 남편은 어쩔 수 없이 이리저리 뛰어다니기 시작한다.

요새 성곽을 찾아가 보기도 하고, 관청이나 참모 본부로 뛰어가 보기도 하고, 담당 관리도 찾아본다. 겁이 나서 식은땀을 흘리기도 하고, 추워서 벌벌 떨기도 하고, 여기저기서 무엇엔가 부딪히고 문을 잘못 찾아들어가기도 하고, 사무소 앞에 줄을 서서 두 시간이나 기다린 다음에야 그것이 잘못 선 줄임을 깨닫는 때도 있다.

그러던 어느 날 저녁, 그는 가까스로 사령관의 허가증을 얻어 주머니에 넣고 집으로 돌아온다. 이튿날은 날이 채 밝기 전에 일어나 램프를 컨다. 남편은 몸을 따뜻하게 하기 위해 굳은 빵을 잘라 먹지만, 아내는 전혀 배고픈 줄을 모른다. 아들에게 가서 함께 식사를 하는 게 좋았기 때문이다. 그래서 그녀는 그 가엾은 군인 아들에게 조금이라도 맛있는 것을 먹이기 위해, 포위된 도시에서는 귀한 초콜릿, 잼, 뚜껑을 열지 않은 포도주, 혹심한 가뭄에 대비해서 깊이 숨겨 두었던 8프랑씩이나 하는 통조림까지 닥치는 대로 보자기에 쌌다.

그런 다음, 두 사람은 집을 나선다. 그들이 성벽에 이르렀을 때, 문이 마침 열려 있다. 허가증을 보여야 한다. 아내는 가슴을 졸인다. 규정대로 따랐으니 그렇게까지 가슴 졸일 까닭이 없는데도!

"통과시키도록!"

당직인 부관이 말한다.

비로소 그녀는 안도의 숨을 내쉰다.

"저 장교 나리는 정말 공손하시네요."

그리고 그녀는 종종걸음을 치며 앞서 간다.

남편은 겨우 따라갈 수 있다.

"왜 이렇게 서두르는 거야!"

그러나 그녀의 귀엔 아무 소리도 들리지 않는다. 먼 지평선의 안개 속에서 발레리앙 산이 그녀에게 어서 오라고 손짓을 하고 있었기 때문이다.

"빨리 걸으세요. 우리 애가 바로 저기 있어요."

하지만 막상 도착하고 보니, 새로운 불안이 솟구친다.

'만일 만나지 못하게 되면? 그 애가 나오지 못하면 어쩌지?'

나는 갑자기 그녀가 온몸을 가늘게 떨면서 늙은 남편의 팔을 붙잡고 바싹 긴장하는 것을 보았다. 그녀는 그 순간, 갱문의 둥근 지붕 밑에서 들려오는 아들의 발소리를 들었던 것이다.

'그 애야!'

아들이 나타난 순간, 보루의 정면이 눈부시게 빛났다. 배낭을 메고 총을 든 훤칠한 키의 늠름한 젊은이가 당당한 자세로 서 있었다. 그는 성큼성큼 다가와 남자답고 쾌활한 목소리로 말했다.

"안녕하셨어요, 어머니?"

이윽고 배낭과 거기에 달려 있던 모포와 총이 모두 어머니의 그 챙 넓은 보닛 속에 파묻혔다. 이어 아버지의 포옹이 있었지만, 그것은 별로 길지 않았다. 챙 넓은 보닛 쪽이 자꾸만 아들을 끌어당겼기 때문이다. 지칠 줄 모르고…….

"어디 아픈 데는 없니? 옷은 든든히 입고 있겠지? 속옷은 넉넉하니?"

그리고 나는 어머니가 그 큰 보닛의 넓은 챙 밑에서 찬찬히 아들의 얼굴을 들여다보고 있는 것을 보았다.

그녀는 쉴새없이 키스를 퍼붓고, 눈물을 흘리다가는 방긋 웃고, 사랑이 흘러넘치는 눈으로 아들을 머리끝에서 발끝까지 뜯어보았다. 그녀는 석 달 동안 쌓였던 모성애를 일시에 쏟아붓고 있었다.

아버지 역시 매우 감격해 있었다. 하지만 그는 단지 그런 모습을 보이고 싶지 않았을 뿐이다. 우리가 보고 있다는 사실을 알고 있기 때문이다.

그는 내 쪽을 향해 눈을 찡긋해 보였다. '이해하십시오. 여자들은 아무래도 마음이 여리니까요.' 하고 말하는 듯이.

'물론 이해하고말고요!'

이렇게 기쁘고 아름다운 순간, 그들의 머리 위에서 난데없이 나팔 소리가 들렸다.

"부르는 거예요. 그만 가 봐야 합니다."

아들이 말했다.

"뭐라고? 함께 식사도 하지 않고 간다는 거냐?"

"할 수 없어요. 전 저 요새 위에서 스물네 시간 동안 보초를 서야 하거든요."

"맙소사!"

그 불쌍한 어머니가 소리쳤다. 그리고 더 이상은 아무 말도 못했다. 잠시 동안 그들 세 사람은 몹시 낙담한 표정으로 서로를 바라보았다. 이윽고 아버지가 말했다.

"그럼 모처럼 가져온 것이니까, 이 통조림이라도 가지고 가거라."

힘들여 가지고 온 음식이 다 소용없게 되자, 아버지는 우스꽝스럽도록 비통한 표정으로 서글프게 말했다.

그런데 가슴 미어지는 듯한 이별의 정 때문에 당황해서인지 그 몹쓸 통조림이 눈에 띄지 않았다. 통조림을 찾느라 더듬거리는 손길은 참으로 딱해 보였다. 그야말로 하찮은 일을 크나큰 고통과 뒤섞어서, 창피한 줄도 모르고 '통조림, 통조림이 대체 어디로 간 거야?' 하고 소리치는 울음 섞인 목소리를 듣는 것은 더욱 가슴 아픈 일이었다.

이윽고 통조림이 발견되고, 마지막 긴 포옹이 있은 후에 아들은 요새를 향해 달려갔다.

생각해 보라! 그들은 이 식사를 위해 멀리서 찾아왔다. 어머니는 성대한 식사를 벌일 생각에 밤새도록 잠도 제대로 자지 못했다. 이런 식으로 식사도 같이 못하도록, 얼핏 보았다고 생각한 낙원의 한귀퉁이가 눈 깜짝할 사이에 닫혀 버리고 마는 것만큼 슬픈 일이 세상에 다시 있겠는가?

두 사람은 그 자리에 멍하니 서서, 아들이 뛰어간 정문 쪽을 하염없이 바라보고 있었다. 한참 지난 다음에야 남편이 몸을 털고 돌아서더니,

두어 차례 기운차게 기침을 했다. 그리고 이번에야말로 단호한 목소리로 힘있게 말했다.

"자, 그만 갑시다!"

그런 다음, 그는 우리 쪽을 향해 정중하게 고개를 숙여 보이고 아내의 팔을 잡았다.

나는 그들의 뒷모습이 길모퉁이로 사라질 때까지 눈을 떼지 않았다.

아버지는 화가 난 듯했다. 그는 모든 희망이 사라졌다는 듯 보따리를 흔들었다.

어머니는 차분해져 있었다. 고개를 숙이고 두 팔을 몸에 붙인 채 남편 옆에서 다소곳이 걸었다. 하지만 나는 그 좁은 어깨 위에 덮인 숄이 가끔 경련하듯 떨리는 것을 놓치지 않았다.

소년 스파이

　그는 스텐, 꼬마 스텐이라고 불렸다. 파리 태생의 그 소년은 몸이 약하고 얼굴빛이 창백했다. 열 살, 아니 열다섯 살 정도 되었을까? 이런 아이들의 나이는 정확히 알 수가 없다.

　소년의 어머니는 죽었다. 해군 병사 출신인 아버지는 탕플 가에 있는 작은 공원의 공원지기였다. 파리 사람이라면 모두가(아이들, 하녀들, 접는 의자를 가진 노부인, 가난한 어머니들, 자동차를 피해 보도로 둘러싸인 이 화단으로 종종걸음치는 사람들) 스텐의 아버지를 알고 있었고, 또 그를 좋아했다.

　주인 없는 개와 부랑자들에게는 두려움의 대상이 된 그의 콧수염 아래 어머니의 사랑을 연상시키는 다정한 미소가 감춰져 있다는 것, 그리고 그 미소를 보기 위해서는 다만 이렇게 묻기만 하면 된다는 것을 사람들은 잘 알고 있었다.

　"아드님은 잘 있습니까?"

　스텐의 아버지는 그만큼 아들을 사랑했다.

　저녁 무렵, 학교 공부를 끝마친 아이가 그를 만나러 와서, 두 사람이 공원의 오솔길을 걸으며 아는 사람들에게 인사를 하기 위해 벤치마다 멈춰서고, 또 그들의 답례를 받을 때면 그는 얼마나 행복했는지 모른다.

　그러나 포위가 된 이후로는 모든 것이 달라졌다. 스텐 아버지의 공원은 석유 저장소로 변했다. 딱하게도 그는 쉴 틈도 없이 감시를 해야만 했고, 또 황폐하고 혼잡한 가운데 담배도 피우지 못한 채 혼자 지내면서 늦은 밤 집에 가서야 가까스로 아들의 얼굴을 볼 수 있었다.

프러시아 인에 대해 이야기할 때 그의 콧수염은 분노로 떨렸다. 하지만 소년 스텐에게는 이 새로운 생활이 별로 불만스럽지 않았다.

포위! 그것은 개구쟁이 아이들에게는 즐거운 일이었다. 학교에 가지 않아도 되고, 보충 수업도 없다. 늘 방학이고, 거리는 장터처럼 북적댄다. 소년은 저녁 늦도록 밖으로 돌아다녔다. 그는 진지로 옮기는 구역의 부대를 따라다니고, 특히 악대 소리가 좋은 부대를 골라 쫓아다녔다. 그런 일에 관한 한 소년은 누구보다 잘 알고 있었다. 96대대의 군악대는 신통치 않고, 55대대에는 훌륭한 군악대가 있다고 자신있게 말했다. 때로는 기동 부대의 훈련 모습을 구경하기도 했다.

가스 등불도 없는 어두컴컴한 겨울날 새벽, 그는 바구니를 들고 고깃간이나 빵집 앞에 늘어선 사람들 틈에 끼여 있곤 했다. 사람들은 그런 데서 진흙탕에 발을 빠뜨린 채 서로 낯을 익히고 정치에 관한 정보를 주고받았으며, 스텐 씨의 아들이라고 하여 소년에게도 의견을 물었다.

다른 어떤 일보다 재미있었던 것은 팽이 게임이었다. 팽이를 쓰러뜨리는 그 유명한 게임은 부르타뉴의 기동 부대가 포위 중에 유행시킨 것이었다. 진지에도, 빵집에도 스텐 소년의 모습이 보이지 않는다면, 그때는 틀림없이 샤토 도 광장의 팽이 게임을 보러 간 것이었다. 물론 그가 게임을 하는 것은 아니었다. 게임을 하려면 많은 돈이 필요했기 때문이다. 따라서 그는 게임하는 사람들을 부러운 눈초리로 바라보고 있을 수밖에 없었다.

특히 그의 관심을 끈 것은 5프랑짜리 은화만을 거는 푸른 바지에 키가 큰 소년이었다. 그 소년이 뛰면 바지 속에서 짤랑거리는 은화 소리가 들렸다.

어느 날, 꼬마 스텐의 발 밑까지 굴러온 은화를 주우며 그 소년이 나지막하게 말을 걸었다.

"이 돈 갖고 싶지 않니? 네가 원한다면 어디서 생겼는지 가르쳐 줄게."

게임이 끝난 후, 푸른 바지의 소년은 꼬마 스텐을 광장 한구석으로 데리고 갔다. 그는 프러시아 인에게 신문을 팔러 가자고 말했다. 한번 갔다 하면 30프랑은 문제없이 번다는 것이었다. 꼬마 스텐은 처음엔 화를 내며 고개를 저었다.

그 후 사흘 동안은 게임을 보러 가지 않았다. 정말 괴로운 사흘이었다. 제대로 먹을 수도 없고 잠도 잘 수가 없었다. 밤마다 침대 밑에 게임 코르크가 눈부신 빛을 내며 탁자 위에 늘어선 꿈을 꾸었다. 참으로 견디기 힘든 유혹이었다.

나흘째 되는 날, 꼬마 스텐은 다시 샤토 도 광장으로 갔다. 그리고 그 키 큰 소년을 만났다.

눈 내린 어느 날 새벽, 두 소년은 자루 하나씩을 어깨에 멘 채 작업복 밑에 신문을 감추고 집을 나섰다. 플랑드르에 이르렀을 때 겨우 날이 밝았다. 키 큰 소년은 스텐의 손을 잡고 빨간 코에 순해 보이는 보초에게 다가가 처량한 목소리로 말했다.

"좀 지나가게 해 주세요, 아저씨……. 어머니는 병들어 누워 계시고 아버지는 돌아가셨어요. 동생과 함께 감자나 주워다 끼니를 때우려고 가는 길이에요."

그는 눈물까지 흘렸다.

스텐은 수치스러운 생각에 잠자코 고개를 숙였다. 보초는 잠깐 그들을 바라보다가 인적 없는 새하얀 길 쪽으로 시선을 돌렸다.

"얼른 지나가."

그리고 보초는 아이들의 뒤에서 멀어져 갔다.

두 소년은 재빨리 오배르빌리에로 가는 길로 접어들었다. 키 큰 소년은 웃고 있었다.

꼬마 스텐은 꿈 속의 풍경처럼 희미한 병영으로 변한 공장, 넝마 같은 옷들을 널어 놓은 쓸쓸한 바리케이드, 연기도 나오지 않고 금이 간 채 안개 속에서 우뚝 솟은 굴뚝을 바라보았다.

군데군데 보초가 서 있었고, 두꺼운 외투 차림의 사관은 쌍안경으로 먼 곳을 바라보고 있었다. 그리고 불길이 거의 사그라진 모닥불 앞에 눈에 젖은 텐트가 있었다.

길을 훤히 아는 듯 키 큰 소년은 초소를 피해 밭을 가로질렀다. 그러나 의용군 보초 중대만은 피해 갈 수가 없었다. 짧은 우의 차림의 의용병들은 스와송 철도 연변을 따라 물이 가득 괸 웅덩이에 웅크리고 있었다. 키 큰 소년은 먼저와 같은 이야기를 되풀이했다. 하지만 그들은 호락호락 두 소년을 통과시키려 하지 않았다.

키 큰 소년이 계속 애원하고 있을 때였다. 경비병 초소에서 희끗희끗 센 머리에 주름살이 많은 스텐의 아버지 또래의 늙은 하사관이 나왔다.

"자, 애들아, 그만 울어라. 감자를 줍도록 해 줄 테니까. 하지만 그러기 전에 안에 들어가 몸을 좀 녹이고 가거라. 이 꼬마는 꽁꽁 언 것 같은데."

꼬마 스텐이 떨고 있는 것은 추위 때문이 아니었다. 두려움과 수치심이 소년을 떨게 만들었다. 그들은 초소 안에서 몇 명의 병사를 만났다. 병사들은 거의 꺼져 가는 약한 불을 둘러싸고 앉아 총검 끝에 비스킷을 꽂아 굽고 있었다.

두 소년이 다가가자, 그들은 좁혀 앉아 자리를 만들어 주었다. 그리고 알코올 섞인 음료수와 커피를 조금 주었다. 소년들이 그것을 마시고 있는 사이에 한 장교가 문에 나타나 하사관을 불렀다. 장교는 하사관에게 무슨 이야기인가 하고 급히 가 버렸다.

"이봐, 오늘 밤 전투가 있을 거야. 프러시아 군의 암호를 알아 냈거든. 이번에야말로 반드시 그 부르제를 되찾고 말 거야."

병사들 사이에서 환호성과 웃음소리가 터져 나왔다. 그들은 곧 춤추고 노래하며 총검을 번쩍번쩍 빛이 나도록 닦기 시작했다. 그 소란을 틈타 두 소년은 그 곳을 빠져 나왔다.

"그냥 되돌아가자. 거기 가지 말고."

꼬마 스텐이 키 큰 소년에게 말했다.

그러나 키 큰 소년은 못 들은 체 어깨를 으쓱하고는 계속 앞으로 나아갔다. 그 때 갑자기 총알을 장전하는 소리가 들려왔다.

"빨리 엎드려!"

키 큰 소년이 땅바닥에 납작 엎드리며 소리쳤다.

그리고 그는 휘파람을 불었다. 눈 속에서 다른 휘파람 소리가 응답했다. 두 소년은 앞으로 나아갔다.

얼마 후, 더러운 베레모를 쓴 누런 콧수염의 사나이가 참호 속에서 불쑥 나타났다. 키 큰 소년은 그 프러시아 병사 곁으로 뛰어내렸다.

"제 동생이에요."

그가 스텐을 손가락질하며 말했다.

스텐이 너무 작아서 프러시아 병사는 웃음을 터뜨렸다. 그는 스텐을 참호 구멍까지 끌어올리려고 번쩍 안았다.

벽 맞은쪽은 흙을 높이 쌓아올렸는데, 나무가 쓰러져 있고 눈 속에 검은 구멍이 뚫려 있었다. 그 구멍에는 아까 그 병사와 똑같이 더러운 베레모를 쓰고 콧수염이 난 남자가 있었는데, 그는 소년들이 지나가는 것을 보며 웃고 있었다.

　지붕을 통나무로 엮은 정원사의 집이 한쪽 모퉁이에 보였다. 그 집 아래층에는 병사들이 잔뜩 모여 트럼프를 치거나 활활 잘 타는 난로 위에 수프를 끓이고 있었다. 양배추와 돼지 기름 냄새가 풍겨 왔다. 의용군(프랑스 군)의 야영 진지와는 딴판이었다. 이층에는 사관들이 있었는데, 피아노 소리, 샴페인 따는 소리가 들려왔다.

　그들은 두 소년을 환호성으로 맞아 주었다. 아이들은 신문을 꺼내 놓았다. 그들은 아이들에게 마실 것을 주고 이야기를 시켰다. 사관들은 하나같이 거만하고 심술궂게 보였는데, 키 큰 소년은 파리의 건달처럼 상스러운 말투로 그들을 웃겼다.

　사관들은 낄낄거리며 소년의 말투를 흉내냈다. 그리고 저속한 파리의 은어를 자꾸만 되풀이했다.

　꼬마 스텐은 저도 뭔가를 이야기하여 바보가 아니라는 것을 나타내고 싶었다. 하지만 알지 못할 그 무엇이 그것을 방해했다.

　꼬마 스텐의 맞은편에 외따로 떨어져 있는 한 사관이 보였다. 그는 다른 사람에 비해 나이가 많고 점잖아 보였는데, 책을 읽고 있었다. 아니, 책을 읽는 체하고 있었다. 그의 시선은 소년들에게서 떠나지 않았다. 그 시선에는 사랑과 비난이 한데 섞여 있었다. 아마 고향에 스텐과 비슷한 또래의 아들이 있는 모양이었다.

　"만일 내 아들이 이런 짓을 한다면……. 차라리 내가 죽는 게 낫지."

　그가 중얼거렸다.

　그 순간부터 스텐은 자기 가슴을 어떤 손이 내리누르며 심장이 뛰는 것을 막는 듯한 느낌이 들었다.

　그 느낌을 지우기 위해 스텐은 포도주를 마셨다. 곧 주위의 모든 것이 빙빙 돌기 시작했다. 왁자지껄 웃고 떠드는 가운데 키 큰 소년이 프랑스 국민군과 그 훈련 방법을 조롱하고, 마레의 열병식과 진지의 야간 비상 소집을 흉내내고 있는 소리가 아득하게 들려왔다.

마침내 키 큰 소년의 목소리가 은근해졌다. 사관들은 지금까지와는 달리 신중한 표정으로 몸을 기울였다. 그 비열한 녀석은 의용군의 공격을 적에게 알려 주고 있었던 것이다.

그 사실을 깨달은 순간, 스텐은 술이 확 깨는 것 같았다. 그는 자리에서 벌떡 일어나며 소리쳤다.

"안 돼. 그러면 안 돼!"

하지만 키 큰 소년은 들은 체도 하지 않고 웃으면서 이야기를 계속했다. 미처 그의 이야기가 끝나기도 전에 사관들은 모두 일어났다. 그 중 한 사람이 문을 손가락질하며 아이들에게 소리쳤다.

"그만 돌아가, 돌아가란 말이다!"

그리고 그들은 독일어로 아주 빠르게 이야기하기 시작했다. 키 큰 소년은 은화를 쩔렁대며 총독이라도 된 것처럼 으스대며 밖으로 나왔다. 스텐은 고개를 푹 숙인 채 그 뒤를 따라갔다.

무서운 눈초리로 쏘아보던 그 프러시아 병사의 곁을 지날 때, 슬픈 어조로 말하는 그의 목소리가 들렸다.

"나쁜 짓이야. 그건 나쁜 짓이야."

스텐의 눈에서는 눈물이 흘러내렸다.

다시 들판으로 나온 두 소년은 힘껏 달렸다. 그들의 자루 속에는 프러시아 인이 준 감자가 잔뜩 들어 있었다. 그 감자 때문에 그들은 의용군의 참호를 의심받지 않고 통과할 수 있었다. 의용군들은 야간 공격 준비를 하고 있었다.

여러 부대가 속속 도착하며 벽 뒤에 모여 있었다. 늙은 하사관은 여전히 즐거운 표정으로 부하들의 배치에 열심이었다. 소년들이 지나가

자, 그는 부드러운 미소를 지어 보였다. 아, 그 미소가 꼬마 스텐의 마음을 아프게 했는지 모른다! 그 순간, 스텐은 이렇게 소리치고 싶었다.

"가시면 안 돼요! 우린 아저씨들을 배반했어요!"

하지만 만일 그런 말을 하면 두 사람 다 총살을 당할 거라던 키 큰 소년의 말이 생각나서 입을 뗄 수가 없었다.

라쿠르뇌브에서 두 소년은 돈을 나누기 위해 빈 집으로 들어갔다. 돈은 공평하게 나누었다. 주머니 속에서 은화가 짤랑거리고, 그 돈으로 팽이 게임을 할 생각을 하니, 꼬마 스텐은 자신의 죄가 별로 대단치 않은 것처럼 여겨졌다.

하지만 성문을 지나 키 큰 소년과 헤어져 혼자가 되었을 때, 가엾게도 이 꼬마는 주머니가 이상하게 무거워지는 것 같았다. 그리고 가슴을 내리누르던 손은 아까보다 더 강한 힘으로 심장을 죄어 왔다.

이미 파리는 전과 같지 않았다. 행인들은 그가 어디에서 오는지 알고 있는 것처럼 무서운 얼굴로 그를 쳐다보았다.

수레바퀴 소리, 운하를 따라 흘러가고 있는 북소리에 섞여 '스파이'라는 말이 들려오는 듯했다.

이윽고 그는 집에 도착했다. 아버지가 아직 돌아오지 않은 것을 다행스럽게 생각하며 그는 재빨리 침대로 올라가서 그 이상하게 무거웠던 돈을 베개 밑에 감추었다.

그날 밤, 집에 돌아온 아버지는 다른 어느 때보다 기분이 좋고 유쾌했다. 지방 소식을 들었는데, 전쟁이 프랑스에 유리한 쪽으로 풀려 간다는 것이었다.

지난날의 해병 용사인 아버지는 식사를 하면서 벽에 걸어 둔 총을 바라보았다. 그리고 미소 띤 얼굴로 아들에게 말했다.

"네가 컸다면 프러시아 놈들을 혼내 주러 갔을 텐데!"

여덟 시쯤 되었을 때 대포 소리가 들려왔다.

"오베르빌리에가 분명해. 부르제에서 전투중일 거야."

요새에 대해 잘 알고 있는 아버지가 말했다.

꼬마 스텐의 얼굴이 핼쑥해졌다.

그는 피곤하다는 핑계를 대고 침대로 갔다. 그러나 잠이 오지 않았다.

대포 소리가 끊이지 않고 들려왔다. 의용병이 어둠을 이용하여 프러시아 군을 습격하러 갔다가 복병에게 쓰러지는 모습이 눈앞에 떠올랐다. 그리고 자기에게 미소를 보내 준 늙은 하사관의 얼굴도 떠올랐다. 그 하사관이 눈밭에 쓰러져 있는 모습이 보이는 것 같았다.

나 때문에 많은 병사들이……. 그 피의 값이 여기 이 베개 밑에 감춰져 있다. 스텐 씨의 아들, 병사의 아들인 내가…….

눈물 때문에 목이 메었다. 옆방에서 아버지가 왔다 갔다 하는 소리, 창문을 여는 소리가 들렸다. 아래 광장에서는 집합 나팔소리가 들리고, 출발을 앞둔 기동 부대가 점호를 취하고 있었다.

마침내 결전의 시간이 왔다!

불쌍하게도 꼬마 스텐은 터져 나오는 울음을 참을 수가 없었다.

"아니, 너 무슨 일이냐?"

아버지가 들어와서 물었다.

소년은 더 이상 참지 못하고 침대에서 뛰어내려 왔다. 그리고 아버지의 발 밑에 몸을 던졌다. 그 바람에 은화들이 침대에서 굴러 떨어졌다.

"이게 웬 돈이냐? 훔친 거냐?"

아버지가 깜짝 놀라 몸을 떨며 물었다.

꼬마 스텐은 프러시아 군 진영에 갔던 일, 거기서 일어났던 일들을 단숨에 이야기했다. 말을 하다 보니, 조금씩 마음이 편해졌다.

일그러진 표정으로 듣고 있던 아버지는 이야기가 끝나자 두 손으로

얼굴을 가리고 울었다.

"아버지, 아버지……."

소년은 무슨 말인가 하고 싶었다. 그러나 아버지는 아무 대꾸도 하지 않았다. 그리고 소년을 밀쳐 내고 흩어진 돈을 주워 모았다.

"이게 다냐?"

소년은 고개를 끄덕였다.

아버지는 벽에 걸린 총을 내리고 탄약을 꺼냈다. 그런 다음 은화를 주머니에 넣었다.

"내가 이걸 돌려주고 오마!"

그 말을 끝으로 아버지는 뒤도 안 돌아보고 계단을 내려갔다. 그는 출발하고 있는 기동 부대에 들어갔다.

그 후로 스텐 씨의 모습을 본 사람은 아무도 없었다.

아를의 여인

　풍차 방앗간을 내려와 마을 쪽으로 향해 가다 보면, 팽나무가 길게 서 있는 길가 농가 앞을 지나게 된다. 그것은 프로방스 지방에 흔한 소지주 집이었다. 지붕엔 붉은 기와가 덮여 있고, 갈색의 넓은 벽엔 여기저기 창이 나 있었다. 그 꼭대기에는 헛간의 풍향계와 짚단을 달아 올리는 도르래가 있고, 누렇게 된 몇 단의 건초가 창으로부터 삐져나와 있었다. 이 집이 왜 내 마음을 흔드는지, 이 닫혀 있는 문이 왜 내 마음을 아프게 하는지, 그것을 말로 표현하기는 힘들어도 아무튼 이 집을 보면 나는 섬뜩한 기분을 느끼곤 했다.

　그 주변은 너무도 조용했다. 사람이 지나가도 개도 짖지 않았고, 작은 산새들도 울지 않고 달아나 버렸다. 집 안은 쥐죽은 듯 조용했다. 노새의 방울 소리조차 들리지 않았다. 창문에 드리워진 하얀 커튼이나 굴뚝에서 피어오르는 연기가 아니었으면, 사람이 살지 않는 빈 집으로 생각했으리라.

　어제 정오경이었다. 나는 마을로부터 돌아오는 길에 햇빛을 피하기 위해 그 집의 담을 따라 팽나무 그늘 밑을 걷고 있었다. 마침 그 집 앞 큰길에선 머슴들이 묵묵히 짐차에 건초 싣는 일을 하고 있었다. 문이 열려 있기에 지나는 길에 들여다보니, 마당 안쪽에 두 손으로 머리를 감싼 채 돌탁자에 팔을 괴고 있는 노인의 모습이 보였다.

몸집이 크고 머리가 허연 그 노인은 짧은 윗옷에 다 해진 반바지를 입고 있었다. 나는 멈추어 섰다. 그러자 머슴 중 한 사람이 나지막한 목소리로 내게 말했다.

"쉿! 주인 어른이시랍니다. 아드님의 불행이 있은 후로는 늘 저러시지요."

그 때, 상복 차림에 두꺼운 금박의 기도서를 든 부인과 소년이 우리 곁을 지나 그 집으로 들어갔다.

머슴이 다시 말했다.

"미사를 끝내고 돌아오는 마님과 둘째 아드님이십니다. 큰아드님이 자살한 이후로 두 분이 날마다 미사를 드리러 가시죠. 아아! 정말 가슴 아픈 일입니다. 주인 어른은 아직도 죽은 아드님의 옷을 입고 계신데, 아무래도 그걸 벗으시게 할 수가 없답니다. 이랴, 이랴!"

마차가 천천히 움직이기 시작했다.

그 이야기를 좀더 듣고 싶었으므로, 나는 마부 옆자리에 올라탔다. 그리고 마차 위 건초 더미 속에서 이 슬픈 이야기를 전부 들었다.

젊은이의 이름은 장이었다. 스무 살의 건강한 농부로서, 처녀처럼 온순하고, 늠름한 체격에 밝은 얼굴을 하고 있었다. 대단한 미남이었기 때문에 많은 여자들의 관심의 대상이었으나, 그의 머릿속엔 오직 한 여자밖에 없었다. 그것은 언젠가 아를의 리스 거리에서 만났던 비로드와 레이스로 치장한 그 젊은 아를의 여인이다.

집에선 이 두 사람의 관계를 반기지 않았다. 그녀는 바람둥이로 소문이 났고, 그 부모 또한 이 고장 사람이 아니었기 때문이다. 그러나 장은 간절히 그 아를의 여인을 원했다.

"그녀와 결혼하지 못할 바엔 차라리 죽는 게 나아요."

장은 늘 이렇게 말했다.

어쩔 수가 없다고 생각한 부모는 추수가 끝나면 두 사람을 결혼시키기로 결정했다.

어느 일요일 저녁, 그 농가의 마당에서 온 집안이 저녁 식사를 했다.

그 자리에 신붓감이 참석한 것은 아니었지만, 모인 사람들은 곧 신부를 위하여 축배를 들었다.

그 때 한 남자가 문간에 나타나, 떨리는 목소리로 에스테브 영감에게 할 말이 있으니 만나게 해 달라고 부탁했다. 에스테브 씨는 자리에서 일어나 밖으로 나갔다.

"영감님, 당신은 2년 동안이나 저의 애인이었던 막돼먹은 여자를 아드님과 결혼시키려 하고 계십니다. 제 말은 사실입니다. 이 편지들이 바로 그 증거입니다. 그녀의 부모들도 제게 딸을 주겠다고 약속했습니다. 그런데 댁의 아드님께서 그녀에게 청혼을 한 후로는 그 부모들이나 그녀나 도무지 저를 만나 주려고도 하지 않습니다. 하지만 이런 일이 있는 이상 어떻게 그녀가 남의 아내가 될 수 있겠습니까?"

그 남자가 말했다.

그 편지들을 보고 나서 에스테브 씨가 말했다.

"잘 알았소! 들어가서 뮤스카라도 한잔 하지 않겠소?"

"고맙습니다. 하지만 저는 너무 가슴이 아파 술도 못 마시겠습니다."

그리고 그 남자는 가 버렸다. 에스테브 씨는 태연하게 자리로 돌아와 앉았다. 식사는 즐겁게 끝났다.

그날 밤, 에스테브 씨와 아들은 함께 들로 나갔다. 두 사람은 오래도록 밖에 있었다. 어머니는 그들이 돌아올 때까지 기다리고 있었다.

"마누라, 이 애를, 이 가엾은 녀석을 좀 안아 주구려!"

에스테브 씨가 아들을 아내 쪽으로 데리고 가서 말했다.

그 후 장은 다시는 아를의 여인에 대해 이야기하지 않았다. 그러나 그는 여전히 그녀를 사랑하고 있었다. 다른 남자의 여자라는 말을 듣고는 전보다 더 열렬히 사랑하게 되었다. 다만 자존심이 너무 강해서 입을 다물고 있었을 뿐이었다. 그리고 가엾게도 그러한 성격이 그를 죽게 만들었다.

어떤 때는 며칠씩 방에 틀어박혀 있었다. 또 어떤 때는 미친 듯이 들로 나가 열 사람 몫의 일을 혼자서 해치우기도 했다. 그러다가 날이 저물면, 아를로 가는 길을 따라 마을의 높이 솟은 종루가 서쪽 하늘에 보일 때까지 곧장 걸어갔다. 그러곤 되돌아왔다. 결코 그보다 멀리 가지는 않았다.

농가 사람들은 이렇게 장이 언제나 슬픔에 잠겨 있는 것을 보고 어찌할 바를 몰랐다. 그저 불행한 일이 생기지 않기를 기도할 뿐이었다.

어느 날, 식탁에서 그의 어머니가 눈물이 글썽해서 아들을 바라보며 말했다.

"애야, 장. 네가 그렇게 소원이라면 그 여자와 결혼시켜 주마."

아버지는 수치심에 얼굴이 붉어진 채 고개를 숙였다.

장은 조용히 고개를 젓고 밖으로 나가 버렸다.

그날 이후로 장은 생활 태도를 바꾸었다. 부모님이 마음을 놓을 수 있도록 늘 즐거운 체했다. 무도회나 술집이나 사육제에서 다시 그의 모습을 볼 수 있게 되었다.

아버지는 이젠 상처가 아물었나 보다 했으나, 어머니는 여전히 불안했다. 그래서 전보다 한층 더 아들에게 주의를 기울였다. 장은 동생과 함께 양잠실 옆방에서 잤다. 어머니는 밤중에 누에를 살펴야 할 일이 있을지도 모른다고 하면서 그 옆방에 잠자리를 폈다.

지주들의 수호신인 성 엘로아의 축제일이 되었다.

농가에서는 큰 잔치가 벌어졌다. 모두가 샴페인을 마실 수 있었고, 포도주는 마치 봇물이 터진 것처럼 이 잔 저 잔에 넘쳐흘렀다. 타작 마당에선 불꽃놀이가 벌어지고, 모닥불이 지펴졌다. 팽나무엔 오색 등이 잔뜩 달렸다.

성 엘로아 만세! 모두들 지쳐 쓰러지도록 춤을 추었다. 동생은 새옷을 불에 그을렸다. 장도 즐거운 듯했다. 그가 어머니에게 춤추기를 권하자 그 가엾은 어머니는 기쁨에 넘쳐 눈물을 흘렸다.

한밤중이 되어서야 사람들은 자러 들어갔다. 모두들 곤하게 잤다. 그러나 장만은 잠을 이룰 수가 없었다. 나중에 동생은 장이 밤새도록 흐느껴 울었다고 말했다. 아아! 얼마나 가슴이 아팠으면 그랬을까……

이튿날 새벽녘에 어머니는 누군가 자기 침실 앞을 달려 지나가는 소리를 들었다. 그 순간, 어떤 불길한 예감이 어머니의 머리를 스치고 지나갔다.

"장, 장이냐?"

장은 대답하지 않았다. 어느새 계단까지 가 있었다.

어머니는 서둘러 자리에서 일어났다.

"장, 어디 가는 거냐?"

그는 다락방으로 올라갔다. 어머니도 그 뒤를 따랐다.

"애야, 제발!"

장은 다락방 문을 닫았다. 그리고 빗장을 걸었다.

"장, 애야, 어서 대답 좀 해라. 너 뭘 하려는 거냐?"

어머니는 떨리는 늙은 손으로 빗장을 더듬어 찾았다. 그 순간, 창이 열리면서 무엇인가 무거운 것이 뜰의 자갈길 위에 떨어지는 소리가 들렸다. 그뿐이었다.

애처로운 일이다. 장은 아마 이렇게 생각했을 것이다.

'나는 그 여자를 아무래도 잊을 수가 없어. 차라리 죽는 게 나아…….'

아아, 우리는 참으로 가련한 마음의 소유자들이다! 그러나 상대를 경멸하면서도 그 사랑을 단호히 끊어 버리지 못하는 것을 어찌하겠는가.

그날 아침, 마을 사람들은 에스테브 씨 집에서 누가 그렇게 슬피 울고 있는가 하고 의아하게 여겼다. 그것은 이슬과 피에 젖은 돌탁자 앞에서 죽은 아들을 품에 안고 가슴을 풀어헤친 채 비탄에 젖은 어머니의 울음소리였다.

당구 게임

　이틀에 걸친 전투, 게다가 지난밤에는 배낭을 멘 채 장대같이 퍼붓는 비를 맞았기 때문에 병사들은 몹시 지쳐 있었다. 더구나 그들은 세 시간 동안이나 길의 흙탕물, 또는 들의 진흙탕 속에 총을 내려놓은 채 추위에 떨면서 기다리고 있었다.

　며칠 동안 거의 잠을 못 자 피로에 지친데다가 군복이 물에 젖은 병사들은 동료의 체온으로 몸을 녹이고 의지하기 위해 서로 끌어안았다.

　동료의 배낭에 기대어 꾸벅꾸벅 조는 병사도 있었는데, 잠 때문에 군기가 풀린 그 얼굴에는 피로와 굶주림의 기색이 역력했다. 아직도 비는 쏟아지고 있었다. 추위를 이길 불도, 고픈 배를 채울 음식도 없고 다만 진흙탕뿐이었다. 나지막하고 어두컴컴한 하늘, 적군은 사방에 숨어 있는 듯했다. 참으로 음울한 광경이었다.

　도대체 뭘 하고 있는 걸까? 무슨 일이 일어나고 있는 걸까? 대포들은 숲을 향해 포신을 돌린 채 무엇인가를 방어하고 있는 것 같다. 기관총들은 위장된 채 지평선을 살피고 있다. 모든 준비가 된 것 같은데, 왜 공격을 하지 않는 걸까? 뭘 기다리고 있는 걸까? 명령을 기다리고 있는 것이다. 그런데 사령부에서는 공격하라는 명령을 내리지 않고 있다.

　사령부가 멀리 있느냐 하면 그렇지도 않았다. 사령부는 루이 13세가 사용하던 저 화려한 성에 있었는데, 비에 젖은 붉은 벽돌이 산허리에서 그 위엄에 찬 모습을 자랑하고 있었다. 그 곳은 프랑스 원수의 깃발을 꽂기에 참으로 적합한 곳이었다. 넓은 도랑과 돌로 된 축대가 길에서 좀 떨어진 곳에 있었고, 그 뒤쪽으로는 돌계단까지 잔디가 심어져 있었다. 고르게 자란 푸른 잔디 주위에는 화분이 죽 놓여 있고, 건물 양쪽에는 소사나무의 묘목들이 환한 길을 만들고 있었다. 그 앞쪽에는 백조들이 한가로이 헤엄치는 거울 같은 연못이 펼쳐져 있었다.

지붕이 반원형으로 된 큰 새장에 사는 공작과 금계는 숲 속을 향해 날카로운 소리로 울며 날개를 털었다. 그러더니 꼬리를 부채처럼 둥글게 펼쳤다.

사람이 살고 있지는 않았으나, 그렇다고 내버려 둔 것 같지도 않았다. 사령관 깃발은 잔디밭에 있는 키 작은 꽃까지도 내려다보고 있는 것 같았다. 줄지어 늘어선 초목, 깊은 정적에 싸인 가로수 등, 모든 것이 질서정연했다. 전쟁터에서 이런 여유 있는 평온을 맛본다는 것이 뜻밖의 일로 여겨졌다.

저 아래쪽에서는 길에 지저분한 진흙탕과 깊은 수레바퀴 자국을 만드는 비가 여기서는 벽돌의 빛깔을 더욱 선명하게 해 주고, 잔디밭을 한층 더 푸르게 해 주고, 오렌지 나무의 잎과 백조의 하얀 깃털에 윤기를 더해 주는 우아하고 귀족적인 소나기로 보였다.

모든 것이 빛나고 조용했다. 지붕 위에서 펄럭이는 사령관 깃발, 그리고 철책 앞에 세워 둔 보초병만 아니면 이 곳에 사령부가 있다는 사실을 눈치챌 사람은 없으리라.

마구간에서는 말들이 휴식을 취하고 있었다. 당번병, 주방 근처를 오가는 작업복 차림의 사병, 그 밖에 널따란 정원의 모래를 쇠스랑으로 고르고 있는 붉은 바지 차림의 정원사 몇 명이 눈에 띨 뿐이었다.

돌계단 쪽 창문으로 반쯤 치워진 식탁이 놓인 식당이 들여다보였다.

구겨진 식탁보 위에는 마개가 열린 술병들과 윤기 없는 빈 컵들이 어지럽게 흩어져 있었다. 식사는 다 끝났는지, 사람들의 모습은 안 보였다. 그 옆방에서 말소리, 웃음소리, 당구공 구르는 소리, 술잔이 서로 부딪치는 소리가 들려왔다.

　당구 게임에 빠진 장군은 병사들에게 명령을 내려야 한다는 사실을 까마득히 잊고 있었다. 일단 장군이 게임을 시작하면, 하늘이 무너진다 해도 게임이 끝나기 전까지는 그 누구도 방해하지 못했다.

　당구!

　이 위대한 군인의 결점은 바로 이것이었다. 그는 당구 게임에서도 싸움터에서와 마찬가지로 늘 진지했다. 그는 정장 차림을 하였고 가슴에는 훈장을 잔뜩 달았다. 그의 눈은 빛났으며, 식사와 게임과 술에 취해 광대뼈 언저리가 상기되어 있었다.

　마치 싸움터에라도 나선 듯 그의 표정은 사뭇 진지했다. 부관들은 정중한 자세로 장군을 에워싸고 있었는데, 그가 공을 칠 때마다 존경에 넘치는 표정을 지었다. 그리고 그가 점수를 따면 기록하기 위해 다투어 달려가곤 했다.

　장군이 목마르다고 하면 서로 술을 대령하기 위해 경쟁을 했다. 그때마다 견장과 군모의 깃털 장식들이 소리를 냈다. 넓은 정원이 내다보이고, 떡갈나무로 벽을 두르고, 천장이 높다란 이 방에서 수놓은 장식의 새 군복을 입은 아첨꾼들의 부드러운 웃음과 섬세한 예의를 대하고 보니 콩피엔뉴의 가을이 생각났다. 그리고 아래쪽 길가에서 꼼짝 못하고 찬비를 맞고 있는 검은 외투의 병사들을 잠시 잊을 수 있었다.

　장군의 게임 상대는 참모부의 작달막한 대위였다. 가죽띠를 두른 그는 곱슬머리였는데, 손에는 멋진 장갑을 끼고 있었다.

당구에서는 그를 따를 사람이 없었으므로, 그는 세상의 모든 장군을 이길 수 있었다. 하지만 자기 상관과 게임을 할 때는 존경심을 가지고 겸손하게 처신했으며, 이기지 않도록, 그렇다고 너무 쉽게 지지 않도록 애썼다. 대위는 장래가 촉망되는 장교로 알려져 있었다.

그는 스스로에게 이렇게 말했다.

'어이, 조심스럽게 잘해 봐. 넌 10점이고 각하는 15점이야. 중요한 건 이 정도로 게임을 끝까지 끌고 가는 일이야. 그래야만 내려오지 않는 명령을 기다리며 훌륭한 군복을 망치고 장식끈의 금색을 흩뜨리면서 지평선 위로 장대같이 퍼붓는 비를 맞고 있는 네 동료들과 함께 고생하는 것보다 진급이 빠를 거야.'

그것은 참으로 흥미진진한 게임이었다. 당구공들은 스치고 엇갈리면서 구르고 빨간색과 흰색이 뒤섞였다. 당구공은 옆쪽의 쿠션에 부딪히자 튀었으며, 나사 위로 이리저리 굴러다녔다.

그 순간, 갑자기 공중에서 불빛이 번쩍이며 둔한 대포 소리가 유리창을 뒤흔들었다. 모두들 몸을 부르르 떨며 불안한 얼굴로 바라보았다. 그러나 장군만은 아무것도 보지도 듣지도 못한 듯 당구대에 몸을 구부린 채 어떻게 하면 멋지게 끌어칠 수 있을까 하고 공을 노려보고 있었다. 장군의 특기는 끌어치기였다.

다음 순간, 또다시 불빛이 번쩍이며 대포 소리가 점점 심해져 갔다. 부관들은 창가로 달려갔다. 프러시아 군이 공격해 온 건가?

"올 테면 오라지. 자, 대위, 자네 차례일세."

장군이 큐 끝에 초크를 칠하며 말했다.

참모들은 감탄하여 몸을 떨었다. 적이 공격해 오는데도 당구대 앞에서 그 정도로 의연한 장군에 비하면 대포 위에서 잠을 잤다는 잔튜렌은 아무것도 아니었다.

소리는 차츰 커졌다. 땅을 울리는 대포 소리, 허공을 찢는 기관총 소리, 한꺼번에 쏘아 대는 보병들의 소총 소리가 한데 어우러져 들려왔다.

잔디밭 한귀퉁이에서 검붉은 연기가 치솟았다. 정원 안쪽은 불타고 있었다. 공작과 금계가 놀라 새장 안에서 푸드덕거렸다. 화약 냄새를 맡은 아라비아산 말들은 마구간에서 앞발을 마구 내둘렀다.

사령부는 흔들리기 시작했다. 연이어 다급한 보고가 밀려들었다. 헐레벌떡 전령이 도착했다. 장군을 만나기 위해서였다.

그러나 장군을 만날 수는 없었다. 앞서도 말했지만, 게임이 끝나기 전에는 어떤 일이 있어도 장군을 방해할 수 없었다.

"자네 차례야, 대위."

대위의 기분은 착잡했다. 젊음이란 참으로 가련한 것이다! 그는 정신 없는 상태에서, 게임의 상황을 잊어버리고 연달아 점수를 올려 하마터면 이길 뻔했다. 장군의 남성적인 얼굴에 순간적으로 놀라움과 분노의 표정이 떠올랐다. 바로 그 순간, 한 필의 말이 허겁지겁 달려와 앞뜰로 뛰어들었다. 순식간에 진흙투성이의 참모 한 사람이 보초를 밀치며 돌계단을 뛰어넘었다.

"장군님! 장군님!"

그를 맞이한 장군의 모습은 그야말로 가관이었다. 큐를 든 채 창가에 나타난 장군은 몸 전체가 분노로 수탉처럼 부풀었으며, 얼굴은 몹시 상기되어 있었다.

"뭐야? 무슨 일인데 그래? 보초는 어디 갔나?"

"하지만 장군님!"

"알았어. 잠시 후. 아무튼 명령을 기다려. 제기랄!"

다시 창문이 요란한 소리를 내며 닫혔다. 언제까지나 그의 명령을 기다려야만 하는 것이다. 불쌍한 병사들은 명령을 기다리고 있을 수밖에 없었다. 바람은 빗발을 몰아 왔고, 총알이 얼굴에 사정없이 퍼부어졌다. 어떤 대대는 적의 발길에 짓밟혔고, 어떤 대대는 어째서 총을 든 채 그대로 당해야만 하는지 영문도 모르고 죽어 갔다.

죽는 데는 명령을 기다리지 않아도 되었다. 병사들은 연이어 덤불 뒤나 도랑 속, 또는 조용한 이 성 앞에서 쓰러져 갔다. 총알은 쓰러진 병사들에게 계속 퍼부어졌다. 터진 살갗 사이로 용감한 프랑스의 피가 소리 없이 흘러나오고 있었다.

당구장 안의 싸움도 몹시 치열해져 갔다. 다시 장군이 우세해지고, 대위는 마치 사자처럼 방어하고 있었다.

열일곱, 열여덟, 열아홉…….

가까스로 점수를 적을 정도의 시간이 있을 뿐이었다. 총소리는 차츰 가까워졌다. 장군은 이제 한 점만 더 얻으면 이길 것이다. 그런데 벌써 포탄이 정원에 떨어지고 있었다. 그 중 하나가 바로 연못 위에서 터졌다. 거울 같은 수면이 크게 흔들렸다. 놀란 백조 한 마리가 피로 물든 날개를 털며 물살을 헤쳤다.

마지막 한 점이면 게임이 끝난다.

사방이 조용했다. 키 작은 소사나무 위에 떨어지는 빗방울 소리, 언덕 밑에서 조심조심 움직이는 소리, 그리고 질척질척한 길바닥을 가축 떼처럼 바삐 달리는 발자국 소리 같은 것들만 들려왔다. 부대는 뿔뿔이 흩어진 채 달아나고 있었다.

하지만 마침내 장군은 게임에 이겼다.

고셰 신부의 불로 장생주

"자, 어서 한잔 받으십시오. 맛이 어떻습니까?"

그러면서 그라비종 신부는 한 방울씩, 마치 진주를 세는 보석상처럼 조심스럽게 그 빛나는 초록색 액체를 내게 따라 주었다.

위장이 따뜻해지면서 나는 기분이 좋아졌다.

"이게 바로 고셰 신부님의 불로 장생주랍니다. 우리 프로방스 지방의 기쁨이자 건강의 원천이기도 하지요."

그라비종 신부는 자랑스러운 얼굴로 말을 이었다.

"당신이 머물고 있는 풍차 방앗간에서 20리쯤 떨어진 플레몽트레 수도원에서 만들고 있죠. 어떻습니까, 이 세상에서 가장 훌륭한 맛이라고 생각지 않으세요? 이 술이 만들어지게 된 유래가 정말 재미있지요. 그 얘기를 들어 보시렵니까?"

벽에는 '십자가의 길'이란 성화가 나란히 걸려 있고, 흰 법의처럼 빳빳하고 정결하게 풀을 먹인 밝은 색 커튼이 드리워진 사제관의 조용한 식당에서, 그라비종 신부는 얼마쯤 의심스럽고 또 불경스럽기까지 한 짧은 이야기를 아무런 악의 없이 내게 들려주었다.

지금으로부터 약 20년 전 프로방스 사람들이 '백의의 신부'라 일컫는 플레몽트레의 수도승들은 몹시 곤궁한 처지에 빠져 있었습니다. 그 당시 그들이 거처하는 곳을 보았다면, 당신 역시 기분이 언짢았을 겁니다.

큰 벽도 뾰족한 탑도 다 무너지고, 회랑 주위에는 잡초가 무성한데다가 기둥에는 금이 갔으며, 벽을 파고 모신 성인의 석상은 무참히 부서져 있었습니다. 완전한 유리창이나 문짝은 눈 씻고 봐도 없었으므로, 론 쪽에서 불어오는 바람이 안뜰과 예배당 쪽으로 휘몰아쳐 촛불을 끄고 유리창의 납틀을 부수고 성수반의 물을 엎질렀을 정도였죠.

하지만 무엇보다 가슴 아픈 것은 텅 빈 비둘기집처럼 적막한 수도원의 종루, 그리고 돈이 없어 종을 못 사고 딱딱이를 두들겨 새벽 예배를 알려야만 했던 수도승들의 처지였습니다.

참으로 불쌍한 백의의 신부들! 참외, 오이 따위의 채소만으로 연명하던 파리한 얼굴의 기운 없는 수도승들이 성체제의 행렬 때 누덕누덕 기운 옷을 입고 조용히 걸어가던 모습, 그리고 그 행렬을 따라 고개를 깊숙이 숙인 채 도금이 벗겨진 지팡이나 좀먹은 흰 털실 승모가 눈에 띨까 봐 조심스럽게 걷던 수도원장의 모습이 지금도 눈에 선합니다. 여신도들은 줄지어 선 채 그 모습이 안쓰러워 눈물을 글썽거렸고, 배불뚝이 기수들은 그 가련한 수도승들을 가리키며 수군수군 흉을 보았습니다.

"떼를 지어 다니면 찌르레기들은 제대로 얻어먹지 못하게 되어 있지!"

마침내 백의의 신부들 스스로도 온 세상을 돌아다니며 제각기 원하는 곳에서 먹을 것을 찾는 것이 낫지 않을까 생각하게 되었습니다.

어느 날 이 중요한 일을 의논하기 위한 회의가 열렸을 때, 자기에게 한 가지 의견이 있다면서 고셰라는 수도승이 수도원장에게 전갈을 보내왔습니다. 참고삼아 말씀 드리자면, 이 고셰 수도승은 원래는 수도원에서 소 치는 일을 했습니다. 그의 일과는 바닥에 깔린 돌틈으로 삐져나온 풀을 찾아서 어슬렁거리는 비쩍 마른 두 마리 젖소를 따라 회랑 사이를 오가는 것이었습니다.

베공 아주머니라 불리던 보 지방의 반미치광이 노파의 손에서 열두 살까지 자라다가, 그 후에 수도승의 손에 맡겨진 이 불우한 소치기가 아는 것이라곤 소 치는 일, 그리고 주기도문을 외우는 일뿐이었습니다. 그것도 프로방스 어로 외웠습니다.

그는 기억력이 나쁘고 머리도 몹시 둔했기 때문입니다. 그는 또한 다소 공상가적인 기질도 가지고 있었는데, 어쨌든 독실한 신자로서 기꺼이 고행대를 두르고 강한 신념으로 규율에 따르면서 성실한 생활을 했습니다.

이렇게 단순하고 촌티 나는 그가 회의실로 들어가 한쪽 다리를 뒤로 빼며 일동에게 인사를 하자, 수도원장을 비롯한 모든 수도승, 심지어 회계를 맡은 회계승까지 웃음을 터뜨렸습니다.

그것은 백발이 차츰 눈에 띄기 시작한 그가 선량한 얼굴, 염소 수염, 어리숙한 눈초리로 나타날 때면 늘 어디서나 일어나는 현상이었습니다. 따라서 고셰는 이 때도 눈썹 하나 까딱하지 않았습니다.

고셰는 올리브 나무로 만든 묵주를 만지작거리며 매우 정중한 어조로 입을 열었습니다.

"여러 신부님들, 제 말씀 좀 들어 보십시오. 옛말에 빈 술통이 가장 좋은 소리를 낸다고 했는데, 그 말이 맞는 모양입니다. 이 텅 빈, 하찮은 머리를 짜내어 여러분의 고민을 해결할 방도를 찾아 냈으니 말입니다. 제 의견은 이렇습니다. 저를 키워 주신 베공 아주머니는 여러분도 잘 아시죠? (주여, 그 불쌍한 아주머니의 영혼을 구원해 주소서! 그녀는 술을 마시면 해괴한 노래를 했답니다.) 생전에 그 아주머니는 마치 코르시카 섬의 늙은 티티새처럼, 아니 그보다 더 들풀에 대해 잘 알았죠. 아주머니가 죽기 얼마 전에는 저와 함께 알피유 산에서

캐 온 약초를 대여섯 가지 섞어서 뭐라고 말할 수 없이 맛좋은 술을 담갔답니다. 그 후 세월이 많이 흘렀지만, 성 어거스틴의 가호와 원장님의 허락만 있다면 저는 그 신비로운 술 빚는 법을 알아 낼 수 있을 겁니다. 그것을 병에 담아 팔면, 나중엔 트래프나 그랭드의 수도승처럼 돈을 벌 수 있을 것입니다."

고셰는 이야기를 끝까지 계속할 수가 없었습니다. 수도원장은 자리에서 일어나 그의 목에 매달렸고, 수도승들도 질세라 그의 손을 부여잡았기 때문입니다.

특히 회계승은 다른 누구보다 감격해서 누덕누덕 기운 그의 옷자락에 키스를 했습니다.

이윽고 모두 제자리로 돌아가 평정을 되찾고 의논한 결과, 고셰가 그 술 만드는 일에 온 힘을 기울일 수 있도록 젖소는 트래시빌 수도승이 맡아야 한다는 쪽으로 의견이 모아졌습니다.

고셰가 베공 아주머니의 술 빚는 법을 어떻게 알아 내게 되었는지, 또 얼마나 피나는 노력을 기울였는지, 그리고 며칠이나 밤을 새우며 작업을 했는지, 그런 이야기는 전해지지 않습니다. 단지 그로부터 6개월쯤 지났을 때는 이 백의의 신부가 만든 불로 장생주가 그 이름을 널리 떨치게 되었다는 것만은 분명합니다.

아비뇽 지방, 아를 지방을 통틀어 수도승들이 기분 좋게 취해 있는 은빛 상표가 붙은 갈색의 작은 술병이 식료품 창고 안, 포도주 병과 올리브 단지 사이에 없는 집은 찾아보기 힘들었습니다.

당연한 일이지만, 이 불로 장생주의 인기 덕분에 플레몽트레 수도원은 금방 부자가 되었습니다. 뾰족탑이 다시 세워지고, 수도원장은 새 승모를 썼으며, 예배당의 유리창은 정교하고 우아하게 세공된 것으로 바뀌었습니다. 그리고 부활절 아침에는 멋지게 조각된 종루에서 크고 작은 종들이 한꺼번에 소리를 내게 되었습니다.

촌티가 나고 머리가 둔해서 회의장을 떠들썩한 웃음바다로 만들고, 승적에도 오르지 못했던 불쌍한 고셰 수도승은 그리하여 그 위치가 달라졌습니다. 수도원의 자질구레한 일에서 완전히 자유로워진 그가 박학다식한 고셰 신부로 불리며 하루 종일 양조장에 틀어박혀 있는 동안, 다른 30명의 수도승들은 그를 위해 산 속을 이리저리 헤매며 향기로운 약초를 캤습니다.

아무도, 수도원장조차도 들어갈 수 없는 이 양조장은 뜰 한 구석에 내팽개쳐져 있던 낡은 예배당인데, 수도승들의 단순함은 그 곳을 신비하고 두려운 장소로 만들었습니다. 때로 대담하고 호기심 강한 어린 수도승들이 벽을 휘어감은 포도 덩굴을 타고 올라가 그 입구 위쪽 장미꽃 모양의 창문까지 올라가는 일이 있었지만, 그들도 염소 수염을 길게 기른 고셰 신부가 마법사처럼 저울질을 해 가며 화덕을 들여다보고 있는 모습을 보면 이내 놀라 뒤로 넘어지곤 했습니다.

게다가 고셰 신부 주위에는 붉은 사암으로 만든 목이 굽은 병과 커다란 증류기, 그리고 뱀처럼 생긴 기이한 유리관 따위가 유리창을 통해 들어오는 붉은 햇빛 속에서 묘한 느낌을 주는 불꽃을 피워올리고 있었습니다.

저녁 무렵, 마지막 미사를 알리는 종이 울리면 고셰 신부는 그 신비로운 곳의 문을 조용히 열고 나와 성당으로 예배를 드리러 갔습니다. 그렇게 수도원 안을 걸을 때 그가 받은 환영은 얼마나 굉장했는지! 수도승들은 그가 지나갈 수 있게 한쪽으로 비켜 서면서 이렇게 속삭이곤 했습니다.

"쉿, 떠들지 마! 비법을 갖고 계시대."

또한 회계승은 고개를 조아린 채 그의 뒤를 따르며 공손하게 무슨 말인가를 했습니다. 모두들 이렇게 떠받드는 가운데 고셰 신부는 챙 넓은 모자를 마치 후광처럼 뒤로 젖혀 쓰고 이마의 땀을 닦았습니다. 그리고 밀감나무가 서 있는 넓은 정원이나 새로 단 풍향계가 돌아가는 푸른 지붕, 그리고 하얀 빛을 반사하는 회랑 안쪽(아름다운 꽃장식이 된 기둥 사이)에 흡족한 시선을 던지며 지나갔습니다. 또한 그는 깨끗한 법복 차림의 수도승들이 평화로운 표정으로 두 명씩 짝을 지어 걸어가는 모습을 지그시 바라보았습니다.

그러면서 그는 그 모든 것이 자기 덕분이라고 은밀하게 생각했습니다. 그 때마다 그는 조금씩 교만해져 갔습니다.

그런데 불쌍하게도 그 덕분에 벌을 받게 되었으니, 계속 제 말씀을 들어 보십시오.

어느 날, 고셰 신부는 저녁 미사가 진행되고 있는 성당 안으로 몹시 흥분된 얼굴로 들어섰습니다. 그는 상기된 얼굴로 거친 숨을 몰아쉬며, 성수를 들 때는 외투의 팔꿈치까지 적실 정도로 안절부절못했습니다.

처음엔 예배 시간에 지각을 해서 그러는 것이려니 생각했습니다. 그런데 그는 제단을 향해 절을 하는 대신 파이프 오르간이나 설교단에다 대고 무릎을 꿇기도 하고, 바람처럼 실내를 가로지르기도 하고, 아무튼 자기 자리를 찾기까지 5분 이상이나 성가대 안을 오락가락해야 했습니다. 그뿐 아니라, 자리에 앉은 다음에도 자만심이 넘치는 얼굴로 빙긋빙긋 웃으며 고개를 좌우로 흔들었습니다. 놀란 신도들이 여기저기서 수군거리기 시작했습니다.

"아니, 고셰 신부님이 웬일이실까? 왜 저러시지?"

마침내 수도원장이 조용히 하라는 신호로 지팡이를 들어 바닥을 두 번이나 두들겼습니다. 성가대에서는 계속 노래를 불렀지만, 그 소리에는 열의가 빠져 있었습니다.

성체 찬미 기도가 한창일 때, 고셰 신부가 갑자기 뒤로 벌렁 나자빠진 채 찢어질 듯한 목소리로 노래를 부르기 시작했습니다.

"파리에 백의의 신부가 있었지.

빠따뗑 빠따땅, 따라벵 따라방……."

모두들 얼굴이 하얗게 질려 자리에서 일어났습니다.

"어서 내쫓아. 마귀가 씌었어!"

수도승들은 다투어 성호를 그었고, 수도원장의 지팡이는 허공에서 흔들렸습니다. 그러나 고셰 신부에게는 아무것도 들리지 않는 듯했습니다.

이윽고 건장한 두 수도승이 팔다리를 버둥대며 더욱 목소리를 높여 '빠따뗑, 따라방'을 외쳐 대는 고셰 신부를 성가대 옆문을 통해 끌어 냈습니다.

이튿날 새벽, 우리의 불쌍한 고셰 신부는 수도원장의 기도실에 무릎을 꿇고 앉은 채 폭포처럼 참회의 눈물을 쏟고 있었습니다.

"원장님, 이게 다 술 때문입니다! 그 술이 저를 이렇게 망쳐 놓았어요!"

그러면서 그는 가슴을 쳤습니다.

고셰 신부가 그토록 깊이 후회하는 모습을 보자, 사람 좋은 수도원장의 마음은 스르르 풀렸습니다.

"자, 이제 그만 진정하게. 그런 일은 시간이 지나면 모두 아침 햇살 아래 이슬처럼 잊혀지는 걸세. 그리고 그건 자네가 생각하고 있는 만큼 고약한 행동은 아니었어. 그야 그 노래가 좀……. 뭐랄까……. 아니, 뭐, 젊은이들 귀에만 안 들어가면 괜찮아. 그런데 어쩌다 그렇게 됐는지 얘기해 주지 않겠나? 술맛을 보다가 그랬겠지? 자기도 모르게 좀 지나쳤다, 그런 얘기겠지. 그래, 잘 알겠네. 화약을 발명한 슈바르

츠 신부처럼 자네도 자신의 발명품에 희생된 게 분명해. 그런데 그 무서운 술맛은 자네가 보지 않으면 안 되나?"

"어쩔 수가 없습니다. 알코올의 강도와 배합의 정도야 시험관에 맡기면 되지만, 최종적으로 부드러운 맛을 내기 위해선 반드시 제 혀의 도움을 받아야 하니까요."

"그게 그렇게 되는군. 그런데 그런 식으로 필요에 의해 어쩔 수 없이 맛을 볼 때, 술맛은 어떤가? 좋은가? 그러니까 다시 말해, 마시는 게 즐거운가?"

"제가 생각해도 한심하지만, 그렇습니다. 지난 이틀 동안은 그 향기가 정말 멋졌어요! 그건 틀림없이 마귀의 짓입니다. 아무튼 전 앞으로는 시험관만을 사용하기로 결심했습니다. 그 결과, 술맛이 떨어지고 진주 같은 거품이 생기지 않더라도 어쩔 수 없습니다."

고셰 신부는 얼굴이 새빨개져서 말했습니다.

그러자 수도원장이 급히 그의 말을 가로막았어요.

"자, 우리 좀더 신중해지세. 고객들의 기분을 생각해야지. 하기야 그런 불미스러운 일이 있었으니 더욱 조심할 필요도 있지만 말일세. 그래, 어느 정도면 맛을 알 수 있겠나? 열다섯 방울, 아니면 스무 방울? 스무 방울로 하세. 만약 스무 방울로 자네를 붙잡을 수 있다면, 그건 아주 머리가 좋은 마귀일 거야. 그리고 만약이라는 게 있으니까, 앞으로 자네는 성당에 오지 않아도 괜찮은 걸로 해 두세. 다시 말해, 저녁 미사는 양조실에서 보아도 좋다는 걸세. 자, 이제 그만 진정하고, 특히 술방울을 잘 세어야 하네."

그런데 딱하게도 술방울을 세는 일도 소용이 없었습니다. 마귀란 놈이 고셰 신부를 붙잡고 놓아 주지 않았던 것입니다. 양조실에서는 끊임없이 이상야릇한 기도 소리가 들려왔습니다.

낮에는 별일 없었습니다. 고세 신부는 신중한 태도로 화덕, 증류기 따위를 정리하고, 프로방스에서 나는 갖가지 약초, 곧 빛깔이 연한 것, 잿빛 나는 것, 톱니 모양을 한 것, 햇빛에 잘 마르고 향기로운 것들을 침착하게 분류했습니다.

그러나 해가 진 다음, 약초가 달여지고 술이 붉고 큰 구리 냄비에 데워지면 가련한 고세 신부의 시련이 시작됩니다.

"열입곱⋯⋯. 열여덟⋯⋯. 열아홉⋯⋯. 스물⋯⋯."

술방울이 유리관을 통해 도금된 컵 안으로 떨어졌습니다. 그 스무 방울의 술을 고세 신부는 어떤 맛을 느끼지 못한 채 단숨에 들이켰습니다. 그가 실상 마시고 싶은 것은 스물한 번째의 술방울이었습니다.

아, 그 스물한 번째의 술방울!

그는 그 유혹을 이기기 위해 방 한구석에 꿇어앉아 열심히 주기도문을 외웠습니다.

그러나 따끈하게 데워진 술에서는 향긋한 냄새를 담은 가는 수증기가 피어올랐고, 그 향기는 그의 주변을 떠돌면서 그를 구리 냄비 쪽으로 강하게 잡아끌었습니다.

술은 아름다운 금록색을 띠고 있었습니다. 냄비 속의 술을 유리관으로 가만가만 휘저으며 고세 신부는 코를 벌름거렸습니다. 자잘한 사금파리가 반짝이듯 금록색의 술이 출렁거리는 냄비 속에서 '어서 한 방울 더!' 하고 베공 아주머니가 웃고 있는 것 같았습니다.

불쌍한 고세 신부는 '그래, 한 방울만 더!' 하면서 잔이 넘치도록 술을 따랐습니다.

이윽고 온몸의 힘이 다 빠진 듯 커다란 팔걸이 의자에 맥없이 앉아 게슴츠레한 눈으로 기분 좋은 자책감에 사로잡혔습니다.

"그래, 난 결국 지옥으로 떨어질 거야⋯⋯. 지옥에 떨어질 몸이라니까……."

고셰 신부는 나지막이 중얼거리며 홀짝홀짝 그 죄를 마셨습니다.

해괴한 일은, 그 악마 같은 액체를 마시고 나면(어떤 마술 탓인지는 몰라도) 베공 아주머니가 부르던 그 야릇한 노래를 끊임없이 부른다는 것이었습니다. '어여쁜 세 여인이 잔치를 베풀려고 궁리를 하는데…….' 나 '앙드레네 베르지드 양, 홀로 숲 속으로 간다네…….' 에 이어, 늘 빼놓지 않는 '백의의 신부……. 빠따뗑 빠따땅'을 불러 댔습니다.

이튿날이면 그의 옆방 사람들이 짓궂게 빈정거리곤 했습니다.

"이봐요, 고셰 신부님! 어젯밤엔 머리에 매미라도 들어갔습니까?"

그러니 고셰 신부가 얼마나 부끄러웠겠습니까? 그는 실망과 낙담으로 눈물을 흘리며 탄식을 했습니다. 그리고 고행대까지 입고 규율을 엄하게 지켰습니다. 하지만 그렇게까지 해도 술의 악마를 이길 수는 없었습니다. 날마다 같은 시간에 술의 악마는 어김없이 그를 찾아왔습니다.

그러는 동안에도 술 주문은 주의 은총에 힘입어 님에서, 엑스에서, 아비뇽에서, 그리고 마르세유에서까지 물밀 듯이 들어왔습니다.

날이 갈수록 수도원은 술 제조 공장의 모습을 갖추어 갔습니다. 술을 포장하는 수도승, 상표를 붙이는 수도승, 또 다른 수도승들은 글씨를 쓰거나 배달하는 일을 맡았습니다. 예배에는 점차 게을러지고 종소리도 차츰 드물어졌습니다. 그러나 땅 위의 신자들은 별다른 피해를 입지 않았다고 감히 장담할 수 있었습니다.

그러던 어느 일요일 아침이었습니다. 회계승은 결산 보고서를 읽고, 선량한 수도승들은 두 눈을 빛내며 흡족한 미소를 띤 채 거기에 귀를 기울이고 있는 회의장으로 난데없이 고셰 신부가 뛰어들며 소리쳤습니다.

"이제 그만두겠어요. 안하겠습니다! 본래의 제 임무를 돌려주세요!"

"아니, 자네 무슨 일인가, 고셰 신부?"

희미하게 사정을 짐작하고 있던 수도원장이 물었습니다.

"무슨 일이냐고요, 원장님? 전 지옥의 불구덩이에 빠지고 갈퀴로 온몸을 찔릴 만한 일을 하고 있습니다. 계속 술을 마시게 됩니다. 꼭 술에 걸신 들린 것 같아요!"

"그래서 내가 술방울을 세라고 하지 않았나?"

"네, 물론 술방울을 세었죠. 하지만 이제는 잔으로 세어야 합니다. 그렇고말고요. 매일 밤 실험용 유리 컵으로 무려 세 잔씩이나……. 원장님도 그런 일이 계속되면 안 된다는 걸 잘 아시겠죠? 아무튼 앞으로는 누구든 원하는 분이 술을 만들게 하십시오. 이대로 가다간 전 어쩔 수 없이 지옥의 불구덩이에 떨어지고 말 겁니다!"

수도승들은 이미 웃을 수가 없었습니다.

"아무리 그래도……. 우리를 파산시킬 작정입니까?"

커다란 장부를 휘두르며 회계승이 흥분하여 소리쳤습니다.

"그럼 신부님은 제가 지옥의 불구덩이에 떨어지기를 바라십니까?"

"아, 여러분!"

마침내 수도원장이 자리에서 일어났습니다. 그는 손가락에서 반지가 빛나는 희고 고운 손을 내밀며 말했습니다.

"내게 좋은 해결책이 있습니다. 여보게, 고셰 신부, 마귀가 자네를 괴롭히는 건 저녁 시간이지?"

"그렇습니다, 원장님. 꼭 저녁에만……. 그래서 전 밤만 되면, 죄송합니다만, 카피토의 당나귀가 실을 짐을 볼 때같이 식은땀을 흘린답니다."

"잘 알았네! 이젠 안심하게. 앞으로는 날마다 저녁 미사를 드릴 때, 우리가 자네의 죄가 면해지도록 성 어거스틴의 기도문을 외우겠네.

그러면 어떤 일이 있어도 자네는 안전할 걸세. 그 기도문은 죄를 짓고 있을 때 그 죄의 용서를 비는 거니까."

"정말 그래 주시겠습니까? 아이고, 고맙습니다!"

고셰 신부는 더는 아무 말도 하지 않고, 마치 종달새처럼 가벼운 발걸음으로 증류기가 있는 낡은 예배당으로 돌아갔습니다.

약속대로 수도원장은 그 날부터 저녁 미사가 끝날 무렵이면 하루도 빼놓지 않고 이렇게 말했습니다.

"자, 우리 모두 다른 신도들을 위해 자신의 영혼을 희생하는 불쌍한 고셰 신부를 위해 기도합시다. 오레무스 도미네."

그 기도 소리는 눈밭 위로 스쳐 지나가는 북풍처럼 어두운 본당에 엎드려 예배를 드리는 하얀 면사포들 위로 가볍게 떨면서 지나갔습니다. 그럴 때, 수도원 한구석에 있는 양조실에서는 불빛 아른거리는 창문 너머로 고셰 신부가 목청껏 부르는 노랫소리가 새어 나왔습니다.

파리에 백의의 신부가 있었지
빠따뗑 빠따땅, 따라벵 따라방
파리에 있었지, 백의의 신부
어여쁜 수녀님들 춤추게 하고
트랭 트랭 트랭 정원에서
어여쁜 수녀님들 춤을 추었지.

사람 좋은 그라비종 신부는 여기까지 이야기하고, 자못 두렵다는 듯 입을 다물었다. 그리고 이렇게 덧붙였다.

"하느님 맙소사! 만일 교구 사람들이 이 이야기를 듣는다면, 큰 소동이 일어날 겁니다!"

코르니유 영감님의 비밀

어느 날 저녁, 이따금 밤이면 내게 놀러 오곤 하던 프랑세 마마이라는 피리 부는 영감님이 포도주를 마시며 그 옛날 마을에서 일어났던 슬픈 이야기 하나를 들려주었다. 그것은 20년 전 내가 지금 들어 있는 풍찻간에서 일어났던 사건으로, 참으로 가슴 뭉클한 이야기였다. 나는 영감님에게서 들은 그대로를 여러분에게 다시 이야기하려고 한다.

독자 여러분은 잠시 동안 앞에 향기로운 포도주가 놓여 있으며, 피리 부는 영감님으로부터 이야기를 듣고 있다고 생각하면 좋을 것이다.

내 말씀을 좀 들어 보세요. 이 지방도 원래부터 지금처럼 노랫소리도 들리지 않는 쓸쓸한 곳은 아니었답니다. 전에는 제분업이 크게 번창하여, 사방 백 리 안에 있는 농장 사람들은 밀을 빻으려면 이 곳으로 몰려들곤 했지요. 마을 주위에는 언덕마다 풍차가 서 있었습니다. 어느 쪽을 보나, 소나무 숲 위에서 북풍을 받아 돌고 있는 풍차의 날개와 밀가루 포대를 지고 길을 따라 오르내리는 당나귀들의 행렬이 눈에 띄었습니다.

일주일 내내 언덕 위에서는 채찍 소리, 풍차 날개 돌아가는 소리, 풍찻간 일꾼들이 '이랴, 워워!' 하며 당나귀를 몰고 가는 기분 좋은 소리가 끊임없이 들려왔습니다.

일요일이면 모두 무리를 지어 이곳 저곳의 풍차간으로 몰려갔습니다. 그러면 풍차간 주인들은 뮈스카 포도주를 대접했지요. 술 달린 목도리를 하고 황금 십자가를 단 안주인들은 그야말로 여왕님처럼 아름다웠습니다. 나는 그럴 때마다 피리를 들고 갔습니다. 사람들은 밤이 이슥할 때까지 춤을 추었습니다. 말하자면 이 지방은 풍차 방앗간들 덕분에 늘 떠들썩하고 즐거웠던 것이죠.

그러다가 불행하게도 파리 사람들이 타라스콩 가도에 증기 제분 공장을 세우게 되었답니다. 새로운 것은 무엇이나 좋은 법 아닙니까! 사람들은 차츰 밀을 제분 공장으로 보내게 되었고, 따라서 풍차 방앗간들은 가엾게도 일감을 잃게 되었습니다.

한동안은 풍차 방앗간 쪽에서도 안간힘을 다해 버텨 보았으나, 증기 제분 공장에는 당할 수가 없었지요. 결국 풍차 방앗간은 하나 둘 문을 닫기 시작했습니다. 작은 당나귀들의 모습도 보이지 않았고, 아름다운 풍차 방앗간 안주인들은 황금 십자가를 팔아야 했습니다. 뮈스카 포도주도, 파랑도르 춤도 모두 끝장나 버렸습니다. 북풍이 아무리 세차게 불어도 풍차의 날개는 돌지 않았습니다.

그러던 어느 날, 면에서 나와 풍차 방앗간을 모두 허물고 그 자리에 포도나 올리브 등을 심었습니다.

그러나 이렇게 쓰러져 가는 속에서도 오직 한 풍차 방앗간만은 도도하게 남아, 제분 공장이 보이는 언덕 위에서 힘차게 돌아갔습니다. 그것은 코르니유 영감님의 풍차 방앗간이었습니다. 바로 오늘 밤 우리가 이렇게 얘기를 나누고 있는 이 풍차 방앗간이죠.

코르니유 영감님은 60년 이상이나 밀가루 속에서 살아온, 자기 일에 대단히 열성적이었던 노인입니다. 제분 공장이 들어서자, 그는 반미치광이처럼 되어 버렸습니다. 일주일 내내 온 마을을 뛰어다녔습니다. 그는 사람들을 모두 끌어모은 다음, 제분 공장 사람들이 그 밀가루로 프로방스를 독살하려 한다고 목이 터져라 외쳐 대곤 했지요.

"저 강도놈들한테 가면 안 되지. 그 악당들은 밀가루를 만든답시고 증기를 사용하는데, 그건 악마가 만든 물건이야. 하지만 난 자비로운 하느님의 숨결로 일하고 있지……."

이와 같이 그는 풍차를 찬양하기 위해 온갖 아름다운 말을 다 끌어다 댔지만, 그의 말에 귀를 기울이는 사람은 아무도 없었습니다.

그래서 화가 난 영감님은 풍차 방앗간 문을 닫아 걸고, 맹수처럼 혼자 살았습니다. 어려서 부모를 잃고 의지할 사람이라곤 할아버지밖에 없는 열다섯 살 먹은 손녀 비베트조차 곁에 두려고 하지 않았습니다.

가엾게도 비베트는 혼자 힘으로 살아가지 않으면 안 되었으므로, 추수 일이나 양잠이나 올리브 따는 일을 해 주며 농장의 이 집 저 집에서 품을 팔아야 했습니다. 하지만 영감님은 여전히 손녀딸을 몹시 귀여워하는 것 같았습니다. 그는 찌는 듯한 햇볕 속에 40리나 걸어서 손녀가 일해 주고 있는 농가까지 만나러 가는 일이 가끔 있었습니다. 그렇게 손녀딸을 찾아가면, 영감님은 눈물을 흘리며 몇 시간이고 그녀의 얼굴을 바라보았습니다.

마을 사람들은 풍차 방앗간 영감이 구두쇠라서, 손녀딸을 집에서 내쫓은 것이라고 생각했습니다. 그래서 그는 손녀딸을 그렇게 이 집 저 집으로 내돌려, 고용주들의 학대와 어린 막일꾼들이 겪는 온갖 고통을 당하게 한다고 비난을 했습니다.

하지만 그 자존심 강하기로 이름난 코르니유 영감님이 거지처럼 구멍 뚫린 모자를 쓰고 다 떨어진 허리띠를 띠고 맨발로 길을 걸어가는 것을 보고는 누구나 아주 딱하게 여겼습니다.

사실 우리 늙은이들은 주일날 그가 미사에 나오는 것을 볼 때면, 정말 얼굴이 화끈해졌습니다. 코르니유 영감님도 그것을 느끼고 있었는지, 감히 유지석에 와서 앉으려고 하지 않았습니다. 그는 늘 교회의 맨뒤, 가난한 사람들 속에 섞여 성수반 곁에 서 있었습니다.

그런데 코르니유 영감님의 생활에는 무엇인가 이해할 수 없는 것이 있었습니다. 마을에서는 이미 오래 전부터 아무도 그에게 밀을 가지고 가지 않았는데, 그의 풍차 날개는 전과 다름없이 돌아가고 있었던 것입니다. 가끔 해가 질 무렵이면, 커다란 밀가루 포대를 잔뜩 실은 당나귀를 몰고 오는 영감님을 길에서 만날 수 있었습니다.

"안녕하세요, 코르니유 영감님! 방앗간은 여전하신 모양이죠?"

농부들은 그에게 큰 소리로 인사를 건넸습니다.

"아암, 여전하고말고! 다행히도 일감이 떨어지지 않는다네."

영감님은 기운찬 목소리로 대답했습니다.

그렇게 많은 일감이 어디서 생기느냐고 누군가가 물으면, 그는 손가락을 세워 입술에 대고 짐짓 거드름을 피우며 대답하는 것이었습니다.

"쉿! 수출에 관계된 일을 하고 있다네."

그리고 그 이상은 결코 말하려고 하지 않았습니다.

그러나 그의 풍차 방앗간을 들여다본다는 것은 꿈도 꾸지 못할 일이었습니다. 손녀딸인 비베트도 들어가지 못했으니까요…….

그 앞을 지나다 보면 문은 늘 굳게 닫혀 있었으나, 커다란 풍차 날개는 끊임없이 돌고 있었습니다. 늙은 당나귀는 마당의 풀을 뜯어먹고 있었으며, 말라빠진 커다란 고양이는 창틀에 앉아 햇볕을 쬐며 사나운 눈초리로 사방을 둘러보고 있었습니다.

이런 모든 것이 수상쩍은 냄새를 풍기고 있었으며, 세상을 아주 떠들썩하게 만들었습니다. 사람들은 제각기 코르니유 영감님의 비밀에 대해

적당한 해석을 붙이곤 했는데, 일반적인 여론은 코르니유 영감님의 풍차 방앗간 안에는 밀가루 포대보다는 은화 자루가 훨씬 많을 것이라는 이야기였습니다.

마침내 모든 사실이 드러나고 말았습니다.

어느 날, 젊은이들이 내가 부는 피리 소리에 맞추어 춤을 추고 있었습니다. 그때 나는 큰아들 녀석과 비베트가 서로 좋아하는 사이라는 것을 알아차렸지요. 나는 그것이 싫지는 않았어요. 코르니유 가문은 우리로서는 영광이었고, 비베트라는 작고 귀여운 새가 집 안을 뛰어다니는 것을 보게 된다는 것은 기쁜 일이었으니까요.

다만 두 사람이 자주 함께 있다 보면 혹시 무슨 일이라도 일어나지 않을까 염려되어, 나는 하루 빨리 일을 결정짓고 싶었습니다. 그래서 이 일을 영감님과 의논하고 싶어서 풍차 방앗간까지 올라갔습니다.

그런데 정말 기가 막혀서! 그가 나를 어떤 식으로 푸대접했는지 아시겠어요? 우선 문을 열게 한다는 것이 불가능했습니다. 그래서 나는 열쇠 구멍으로 내가 찾아온 이유를 대충 설명했습니다. 내가 이야기를 하고 있는 동안, 그 말라비틀어진 고양이란 놈이 머리 위에서 마귀처럼 독기를 뿜어 내고 있었습니다.

코르니유 영감님은 내게 미처 이야기를 끝낼 시간도 주지 않고, 무례하기 짝이 없는 태도로 돌아가 피리나 불라고 하며, 그렇게 빨리 아들 녀석을 결혼시키고 싶으면 제분 공장에 가서 며느릿감을 고르라고 소리쳤습니다.

그런 지독한 말을 듣고 얼마나 화가 치밀었겠나 생각해 보세요. 하지만 나는 용케 참았습니다. 그리고 그 미치광이 같은 영감을 방앗간에 남겨 두고 집으로 돌아와, 아들과 비베트에게 일이 잘 되지 않았다는 사실을 알려 주었습니다. 그 불쌍한 새끼양들은 내 말을 믿지 못했습니다. 그들은 나에게 제발 둘이서 함께 풍차 방앗간으로 올라가 할아버지에게 말하게 해 달라고 했습니다. 나는 거절할 수가 없었습니다. 두 사람은 쏜살같이 떠나 버렸습니다.

　두 사람이 언덕 위에 다다랐을 때, 코르니유 영감님은 막 집에서 나간 뒤였습니다. 문은 이중으로 잠겨 있었습니다. 하지만 영감님은 나가면서 사다리를 밖에 두고 갔습니다. 그래서 아이들은 창문으로 이 문제의 풍차 방앗간 안에 무엇이 들어 있나 좀 보아야겠다고 생각했습니다.

　정말 이상한 일이었습니다! 방앗간 안은 텅 비어 있었습니다. 포대 하나, 밀 한 알도 없었습니다. 벽에는커녕 거미줄에조차 밀가루가 묻어 있지 않았습니다. 풍차 방앗간이라면 당연히 물씬 풍겨야 할 밀가루 냄새도 전혀 나지 않았습니다. 굴대는 먼지로 덮여 있었고, 말라빠진 커다란 고양이가 그 위에서 졸고 있었습니다.

　그 아래층의 방 역시 비참하게 버려져 있었습니다. 초라한 침대, 누더기 이불, 계단 밑에는 빵 한 덩이가 굴러다니고, 방 한구석에는 구멍난 포대가 서너 개 놓여 있었는데, 그 구멍에서는 석고와 백토가 흘러나와 있었습니다.

　이것이 코르니유 영감님의 비밀이었습니다. 풍차 방앗간의 위신을 지키기 위해, 밀가루를 빻고 있다는 것을 믿게 하기 위해 그가 저녁마다 길거리로 싣고 다닌 것은 바로 그 백토였던 것입니다.

　아, 불쌍한 풍차 방앗간! 가엾은 코르니유 영감님! 제분 공장 녀석들은 이미 오래 전에 영감님과 풍차로부터 그들의 마지막 고객까지 빼앗아 갔던 것입니다. 풍차의 날개는 변함없이 돌아갔지만, 빈 방아만 돌고 있었던 셈입니다.

　눈물을 흘리며 돌아온 아이들은 자기들이 본 대로 이야기했습니다.

그들의 이야기를 듣자 나는 가슴이 터질 것만 같았습니다. 그래서 잠시도 지체하지 않고 이웃집들을 찾아다니며 사정을 이야기했습니다.

우리는 집집에 남아 있는 밀을 전부 코르니유 영감님의 풍차 방앗간으로 가져가야 한다는 것으로 의견을 모았습니다.

그 일은 곧 실행에 옮겨졌습니다. 온 마을 사람들이 모두 출동했습니다. 우리는 밀, 진짜 밀을 실은 당나귀들을 몰고 언덕을 올라갔습니다.

풍차 방앗간은 활짝 열려 있었습니다. 그 앞에서 코르니유 영감님이 백토 포대 위에 앉아 두 손으로 머리를 감싸쥔 채 울고 있었습니다. 그는 집에 돌아와 자기가 없는 사이 누가 집 안에 들어와 그 슬픈 비밀을 알아 냈다는 것을 깨달았던 것입니다.

"아, 한심한 노릇이야! 이렇게 된 바에는 죽어 버리는 수밖에 없어……. 풍차가 치욕을 당했으니."

그러면서 영감님은 마치 사람에게 하듯 온갖 이름으로 풍차를 불렀고, 가슴이 터질 듯이 흐느껴 울었습니다.

그 때, 당나귀들의 행렬이 마당에 이르렀습니다. 우리는 모두 풍차 방앗간 경기가 좋았을 때처럼 크게 외쳤습니다.

"이보세요, 코르니유 영감님! 이것 좀 부탁해요. 코르니유 영감님!"

그리하여 밀 포대가 문 앞에 쌓이고, 윤기 흐르는 누런 밀이 땅 위로 쏟아져 사방으로 흩어졌습니다.

코르니유 영감님은 눈이 휘둥그레졌습니다. 그는 주름투성이 손에 밀을 움켜쥔 채 울음 반 웃음 반으로 말했습니다.

"밀이구나. 이게 어찌 된 일이지? 이렇게 훌륭한 밀이……. 어디, 똑똑히 좀 봐야지."

그리고는 우리들 쪽으로 돌아보며 말했습니다.

"아아, 나는 자네들이 돌아올 것을 알고 있었네. 저 제분 공장 놈들은 모두 도둑놈들이거든."

우리는 영감님을 모시고 자랑스럽게 마을로 내려가려고 했습니다.

"아닐세, 아냐! 우선 방아에 먹을 것을 주어야지. 생각해 보게나! 정
말 오랫동안 아무것도 먹여 주지 못했잖은가!"

그 가엾은 영감님이 포대를 연다, 방아를 살핀다 하며 야단스럽게 왔
다갔다하는 것을 보며 우리는 눈물을 글썽이지 않을 수 없었습니다. 그
러는 사이 밀이 빻아져서, 고운 밀가루가 천장으로 피어올랐습니다.

우리는 정말 좋은 일을 했던 것입니다. 그 날부터 우리는 풍차 방앗
간 영감님의 일거리가 절대로 떨어지지 않게 했습니다.

그러던 어느 날 아침, 코르니유 영감님이 세상을 떠났습니다. 그래서
우리들의 마지막 풍차 날개는 이번에는 영원히 멈춰 버리고 말았습니
다. 코르니유 영감님의 뒤를 이을 사람이 없었으니까요.

다 그런 것 아니겠습니까. 이 세상의 모든 것엔 끝이 있는 것을. 론
강의 나룻배나, 최고 재판소나, 커다란 꽃무늬 재킷의 시대가 가 버린
것처럼 풍차의 시대도 지나갔다고 생각해야겠지요.

별

    내가 뤼브롱 산에서 양을 치고 있을 때의 이야기다.

    몇 주일씩이나 사람이라고는 그림자도 구경 못하고, 다만 양 떼와 사냥개 검둥이를 상대로 홀로 목장에 남아 있어야 했다. 이따금 몽 들 뤼르의 은자가 약초를 찾아 그 곳을 지나가는 일도 있었고, 또는 피에몽에서 온 숯 굽는 사람의 거무튀튀한 얼굴이 눈에 띄는 일도 있었다.

    그러나 그들은 너무 외로운 생활을 해 온 나머지 좀처럼 입을 여는 일이 없는 순박한 사람들이어서, 남에게 말을 거는 취미도 잃어버렸다. 그리고 무엇이 지금 산 아래 마을이나 읍에서 이야깃거리가 되고 있는지 통 모르는 사람들이었다. 그래서 두 주일마다 보름치의 양식을 실어다 주는 우리 농장 노새의 방울 소리가 언덕길에서 들려올 때, 그리고 꼬마 미아로의 그 또랑또랑한 얼굴이나 혹은 늙은 노라드 아주머니의 갈색 모자가 언덕 위에 남실남실 떠오를 때면, 나는 기뻐서 어쩔 줄을 몰라했던 것이다. 그 때마다 나는 어느 집 아이가 영세를 받았고 누가 결혼을 했는지, 그 사이 산 밑에서 일어난 소식을 연달아 캐묻는 것이었다.

    그러나 무엇보다도 관심이 쏠리는 것은 주인댁 따님, 이 근처 40킬로미터 안에서 가장 예쁜 우리 스테파네트 아가씨가 어떻게 지내는지를 아는 일이었다. 그래서 나는 별로 관심을 기울이지 않은 체하며, 아가씨가 자주 파티에 참석하는지 저녁 나들이를 하는지, 또는 지금도 새로 나타난 멋쟁이들이 잇달아 아가씨의 환심을 사러 오는지 하는 따위를 넌지시 알아보는 것이었다.

그리고 만일 '산에 사는 보잘것없는 일개 목동인 네가 그런 건 알아서 뭘 하느냐?' 하고 묻는 사람이 있다면, 나는 나대로 지금도 대답할 말이 있다. 그 때 내 나이 스무 살이었다고. 그리고 스테파네트 아가씨는 지금까지 한평생 내가 보아 온 사람들 중에서 가장 아름다운 여자였다고.

그런데 어느 일요일이었다. 보름치의 식량이 오기를 눈이 빠지도록 기다리고 있었는데, 식량은 그 날따라 아주 늦게야 도착했다. 아침나절에는 미사를 보고 오기 때문이겠지 하고 생각했다.

점심때쯤 되어 소나기가 퍼부었다. 그래서 이번에는 길이 나빠서 노새를 몰고 떠날 수가 없었으리라고 생각하며 초조한 마음을 달랬다.

드디어 세 시쯤 해서 말끔히 씻긴 하늘 밑에 온 산이 비에 젖고 햇빛을 받아 눈부시게 반짝일 때였다. 나뭇잎에 물방울 듣는 소리와 개천에 물이 불어 좔좔 넘쳐 흐르는 소리에 섞여, 문득 방울 소리가 들려오는 것이었다. 그것은 흡사 부활절날 여러 종루에서 일제히 울려 오는 종소리와도 같이 즐겁고 경쾌한 소리였다.

그러나 막상 노새를 몰고 나타난 것은 꼬마 미아로도 아니고, 그렇다고 늙은 노라드 아주머니도 아니었다. 그것은……. 누구일까요? 천만뜻밖에도 바로 우리 아가씨였다.

우리 아가씨가 노새 등에 실린 버들고리 사이에 의젓이 올라타고 몸소 나타난 것이다. 맑은 산 정기와, 소나기 뒤에 싸늘하게 씻긴 공기를 쐬어 얼굴이 온통 발갛게 상기되어 있었다.

꼬마는 앓아 누워 있고, 노라드 아주머니는 휴가를 얻어 자기 아이들을 보러 갔다는 것이었다. 아름다운 스테파네트는 노새에서 내리며 우선 그 모든 소식과, 그리고 도중에 길을 잃었기 때문에 늦어졌다는 사연을 알려 주었다.

그러나 아가씨 머리에 꽂은 꽃무늬 리본이며 그 눈부신 스커트, 그리고 그 곱고 빛나는 레이스로 단장한 화려한 옷차림을 보면, 덤불 속에서 길을 찾아 헤맸다기보다는 차라리 어느 무도회에라도 들러서 놀다가 늦어진 것처럼 보일 지경이었다. 오, 그 귀여운 모습! 아무리 바라보아도 내 눈은 지칠 줄 몰랐다.

그 때까지 이렇게 가까이에서 아가씨를 바라본 일이 없었다. 겨울이되어 양 떼를 몰고 벌판으로 내려가 있을 때, 저녁을 먹으러 농장으로돌아가면 가끔 아가씨가 식당 앞을 휙 가로질러 지나가는 때도 있었다. 하지만 거의 하인들에게는 말을 거는 일이 없었다. 늘 아름답게 차려입고 어쩐지 좀 깔끔해 보이고……. 그런데 지금 그 아가씨가 바로 내눈앞에 와 있는 것이다. 오로지 나만을 위해서 말이다. 그러니 그만하면넋을 잃을 법도 하지 않은가.

바구니에서 식량을 끌어 내기가 무섭게 스테파네트는 신기한 듯이 주위를 둘러보기 시작했다. 아가씨는 아름다운 나들이옷을 더럽힐까 봐스커트 자락을 살짝 걷어올리더니, 양을 몰아넣는 울 안으로 들어갔다. 내가 잠을 자는 곳이며 양털을 깐 짚자리, 벽에 걸린 커다란 두건 달린외투, 채찍, 그리고 구식 엽총 따위를 보고 싶어했다. 그 모든 것이 아가씨에게는 재미있고 즐거웠던 것이다.

"그래, 여기서 산단 말이지? 가엾기도 해라! 밤낮 이렇게 외로이 세월
을 보내자니 얼마나 갑갑할까! 뭘 하며 시간을 보내지? 무슨 생각을
하며?"

'당신을 생각하며……. 아가씨.'

이렇게 대답하고 싶은 생각이 불현듯 치밀었다. 사실 그렇게 대답한 대도 거짓은 아니었을 것이다. 그러나 그 순간 나는 너무 긴장하여 아무 대답도 할 수가 없었다. 아가씨는 그걸 눈치채고 있으면서도 깜찍하게 일부러 얄궂은 질문을 던지고는 내가 쩔쩔 매는 꼴을 보며 재미있어하는 것만 같았다.

"그리고 예쁜 여자 친구라도 가끔 만나러 올라오니? 정말 여자 친구가 여기를 찾아올 때면, '황금의 양'이나 저 산봉우리 위로만 날아다니는 에스테렐 천사를 눈앞에 보는 듯하겠구나."

이런 말을 하며 머리를 뒤로 젖히고 웃는 그 귀여운 몸짓이라든지, 요정이 나타나듯이 얼른 왔다가는 숨 돌릴 겨를 없이 가 버리는 그 서운한 뒷맛이, 정말 아가씨 자신이야말로 내게는 영락없이 에스테렐 천사같이 보였다.

"잘 있거라, 목동아."

"조심해 가세요, 아가씨."

마침내 아가씨는 빈 바구니를 싣고 떠났다.

아가씨가 비탈진 오솔길로 모습을 감춘 뒤에도, 그 노새 발굽에 채어 연방 굴러떨어지는 돌멩이 소리가 여전히 들려오고 있었다. 그리고 그 돌멩이 하나하나가 그대로 내 심장에 덜컥덜컥 떨어져 내리는 것만 같았다.

나는 오래도록 그 소리에 귀를 기울이고 있었다. 해가 질 무렵까지, 그 애틋한 꿈이 달아날까 봐 감히 손 하나 까딱 못하고 졸음에 겨운 듯 우두커니 서 있었다.

저녁때가 다 되어, 내려다보이는 산골짜기들이 차차 푸른빛으로 변하고, 양들도 울 안으로 돌아오려고 '매애, 매애…….' 울면서 서로 몸을 비비대고 있을 무렵이었다.

언덕 아래서 나를 부르는 소리가 들려왔다. 그리고 우리 아가씨가 나타났다. 그런데 그 생글생글 웃던 모습은 간데없고, 몸이 함빡 젖은 채추위와 공포로 오르르 떨고 있었다. 아마 언덕 밑에서 소나기에 물이불은 소르그 강과 맞닥뜨리자, 기를 쓰고 건너려다가 그만 물에 빠질뻔한 모양이었다.

더욱 난처한 일은, 이렇게 날이 저물고 보니 이젠 농장으로 돌아갈생각은 아예 꿈에도 할 수 없게 되었다는 것이다. 지름길이 있기는 했지만, 아가씨 혼자서는 도저히 찾아갈 수 없을 것이고, 그렇다고 내가양 떼를 내버려 두고 떠날 수는 없었기 때문이다. 산 위에서 밤을 새워야 하며, 더군다나 가족들이 걱정할 생각을 하고 아가씨는 안절부절못했다. 나로서는 힘 자라는 데까지 아가씨를 안심시키기 위해 위로하는것이 고작이었다.

"7월이라 밤도 아주 짧습니다. 아가씨, 잠깐만 참으시면 됩니다."

이렇게 달래 놓고는 황급히 불을 활활 피워, 발과 시냇물에 젖은 옷을 말리게 했다. 그리고 양젖과 치즈를 가져다 주었다.

그러나 가엾은 아가씨는 불을 쬐려고도, 무엇을 먹어 볼 생각도 하지않았다. 그 눈에 구슬 같은 눈물이 괴는 걸 보니, 그만 나까지도 울고싶어졌다.

그러는 동안 기어이 밤이 오고 말았다. 이제는 아득한 산꼭대기에 겨우 한 조각의 석양이 남아 있어, 서쪽 하늘에 증기처럼 한 줄기 빛이 비껴 있을 뿐이었다. 나는 아가씨가 울 안에 들어가서 쉬기를 바랐다. 새짚 위에, 한번도 써 보지 않은 새 모피를 깔아 놓고, 안녕히 주무시라고인사를 하고 나서 나는 밖으로 나와 문 앞에 앉았다.

비록 누추할망정 그래도 내 울 안에서, 신기한 듯이 그 잠든 얼굴을들여다보는 양들 바로 곁에서, 우리 주인댁 따님이──마치 다른 어느 양보다 더 귀하고 더 순결한 한 마리 양처럼——내 보호 밑에 마음 놓고 쉬고 있다는 것이 가슴 벅차도록 자랑스러울 뿐이었다. 이 때까지 밤하늘이 그렇게 깊고, 별들이 그렇게 찬란하게 보인 적은 없었다.

갑자기 사립문이 삐걱 열리면서 아름다운 스테파네트가 나타났다. 아가씨는 잠을 이룰 수가 없었던 것이다. 양들이 뒤척이는 서슬에 짚이 버스럭거리며, 혹은 잠결에 '매애' 하고 울음소리를 내는 놈도 있었다. 그래서 차라리 모닥불 곁으로 오고 싶었던 것이다. 그것을 보고, 나는 염소 모피를 벗어 아가씨 어깨 위에 걸쳐 주고, 모닥불을 이글이글 피워 놓았다. 그리고 우리 둘은 아무 말 없이 나란히 앉아 있었다.

만일 한 번만이라도 한데서 밤을 새워 본 일이 있는 사람이라면, 모두 잠든 깊은 밤중에는 또 다른 신비로운 세계가 고독과 적막 속에 눈을 뜬다는 것을 알고 있으리라. 그 때 샘물은 훨씬 더 맑은 소리로 노래 부르고, 연못에는 자그마한 불꽃들이 반짝이는 것이다. 모든 산의 정령들이 거침없이 오락가락 노닐며, 대기 속에는 마치 나뭇가지나 풀잎이 부쩍부쩍 자라는 소리라도 들리듯이 바스락거리는 소리들, 그 들릴 듯 말 듯한 온갖 소리들이 일어난다.

낮은 생물들의 세상이다. 하지만 밤은 물건들의 세상이다. 이런 밤의 세계에 익숙하지 못한 사람은 좀 무서울 테지만……

우리 아가씨도 바스락 소리만 들려도 소스라치며 내게로 바싹 다가드는 것이었다. 한번은 저편 아래쪽 연못에서 처량하고 긴 소리가 은은하게 굽이치며 우리가 앉아 있는 산등성이로 솟아올랐다. 바로 그 순간, 아름다운 유성이 길게 꼬리를 그리며 우리들 머리 위를 지나 그것과 같은 방향으로 스쳐 지나갔다. 마치 금방 우리가 들은 그 정체 모를 울음소리가 한 줄기 광선을 이끌고 지나가는 것 같았다.

"저게 뭘까?"

스테파네트 아가씨가 나지막한 목소리로 물었다.

"천국으로 들어가는 영혼이지요."

이렇게 대답하고 나는 성호를 그었다.

아가씨도 나를 따라 성호를 긋고는 잠시 고개를 들어 하늘을 쳐다보며 깊은 생각에 잠겼다. 그러다가 불쑥 이렇게 묻는 것이었다.

"그게 정말이니? 너희들 목동은 모두 점쟁이라면서?"

"천만에요, 아가씨. 하지만 우리는 여기서 남들보다는 더 별들과 가까이 지내는 셈이지요. 그러니 평지에 사는 사람들보다는 별나라에서 일어나는 일을 더 잘 알 수 있답니다."

아가씨는 여전히 하늘을 쳐다보고 있었다. 그렇게 손으로 턱을 괸 채 염소 모피를 두르고 있는 모습은 그대로 귀여운 천국의 목자였다.

"어머나, 저렇게 많아? 참 기막히게 아름답구나! 저렇게 많은 별은 생전 처음이야. 넌 저 별들 이름을 잘 알 테지?"

"아무렴요, 아가씨. 자, 바로 우리들 머리 위를 보세요. 저게 '성 자크의 길(은하수)'이랍니다. 프랑스에서 곧장 에스파냐 상공으로 통하지요. 샤를마뉴 대왕께서 사라센 사람들과 전쟁을 할 때, 바로 갈리스의 성 자크가 그 용감한 대왕께 길을 알려 주기 위해서 그어 놓은 것이랍니다. 좀더 저쪽으로 '영혼들의 수레(큰곰자리)'와 그 번쩍이는 굴대 네 개가 보이지요? 그 앞에 있는 별 셋이 '세 마리 짐승'이고, 그 세 번째 별 바로 곁에 다가붙은 아주 작은 꼬마 별이 '마부'랍니다. 그 언저리에 온통 빗발처럼 내리떨어지는 별들이 보이죠? 그건 하느님께서 당신 나라에 들이고 싶지 않은 영혼들이랍니다. 저편 좀 낮은 쪽에, 저것 보십시오. 저게 '쇠스랑' 또는 '삼왕성'(오리온)이랍니다. 우리들 목동에게는 시계 구실을 하는 별이지요. 그 별을 쳐다보기만 해도 나는 지금 시각이 자정이 지났다는 걸 안답니다. 역시 남쪽으로 좀더 내려가서, 별들의 횃불인 '장 드 밀랑'(시리우스)이 반짝이고 있습니다. 저 별에 관해서는 목동들 사이에 다음과 같은 이야기가 전하고 있답니다. 어느 날 밤, '장 드 밀랑'은 '삼왕성'과 '병아리장'(북두칠성)들과 함께 친구 별들의 결혼 잔치에 초대를 받았다나 봐요. '병아리장'은 남들보다 일찍 서둘러서 맨 먼저 떠나 윗길로 접어들었어요. 저 위쪽으로 하늘 한복판을 보세요. 그 때 '삼왕성'은 좀더 아래로 곧장 가로질러 마침내 '병아리장'을 따라갔습니다. 하지만 게으름뱅이 '장 드 밀랑'은 너무 늦잠을 자다가 그만 맨 뒤에 처지고 말았어요. 그래서 불끈하여 그들을 멈추게 하려고 지팡이를 냅다 던졌어요. 그래서 '삼왕성'을 '장 드 밀랑의 지팡이'라고도 부른답니다. 그렇지만 온갖 별들 중에서도 가장 아름다운 별은요, 아가씨, 그건 뭐니뭐니해도 역시 우리들의 별이죠. 저 '목동의 별' 말입니다. 우리가 새벽에 양 떼를 몰고 나갈 때나 또는 저녁에 다시 몰고 돌아올 때, 한결같이 우리를 비추어 주는 별이랍니다. 우리는 그 별을 '마글론'이라고도 부르지요. '프로방스의 피에르'(견우성)의 뒤를 쫓아가서 7년마다 한 번씩 결혼을 하는 예쁜 '마글론' 말입니다."

"어머나, 그럼 별들도 결혼을 하니?"

"그럼요, 아가씨."

그러고 나서 내가 그 결혼이라는 것이 무엇인가를 이야기해 주려고 하는데, 무엇인가 싸늘하고 보드라운 것이 살며시 내 어깨에 와 닿는 것이 느껴졌다. 그것은 아가씨가 졸음에 겨워 무거운 머리를, 리본과 레이스와 곱슬곱슬한 머리카락을 앙증스럽게 비비대며 가만히 기대 온 것이었다. 아가씨는 훤하게 먼동이 터 올라 별들이 해쓱하게 빛을 잃을 때까지 꼼짝 않고 그대로 기대어 있었다.

나는 그 잠든 얼굴을 지켜보며 꼬박 밤을 새웠다. 가슴이 설렘을 어쩔 수 없었지만, 그래도 내 마음은 오직 아름다운 것만을 생각하게 해주는 그 맑은 밤하늘의 비호를 받아, 어디까지나 순결함을 잃지 않았다.

우리 주위에는 총총한 별들이 마치 양 떼처럼 차분하고 고요하게 그들의 운행을 계속하고 있었다. 그리고 내 머리에는 몇 번이나 이런 생각이 스치고 지나갔다. 저 숱한 별들 중에 가장 가냘프고 가장 빛나는 별님 하나가 그만 길을 잃고 내 어깨에 내려앉아 고이 잠들어 있노라고.

마지막 수업

그날 아침, 나는 학교에 많이 늦었다. 게다가 전날 아멜 선생님께서 분사법에 대해 질문을 하겠다고 말씀하셨는데, 나는 분사법에 대해서는 전혀 아는 것이 없었기 때문에 꾸중을 들을까 봐 매우 겁이 났다. 차라리 학교에 가지 말고 들판을 쏘다니면서 놀아 버릴까 하는 생각도 들었다.

날씨는 아주 맑고 따뜻했다.

숲에서 티티새 지저귀는 소리가 들려왔고, 제재소 뒤의 리페르 풀밭에서는 프러시아 병사들이 훈련받는 구령 소리가 들려왔다.

이 모든 것이 분사법보다 더 내 마음을 끌었지만, 나는 그런 유혹을 물리치고 학교로 향해 달음박질쳤다.

면사무소 앞을 지날 때, 나는 작은 철책으로 둘러싸인 게시판 앞에 사람들이 둘러서 있는 것을 보았다. 나는 걸음을 멈추었다.

'무슨 일일까?'

내가 광장을 가로질러 달려가려 하자, 견습공과 함께 게시판을 보고 있던 대장장이 바슈테르 영감님이 큰 소리로 외쳤다.

"꼬마야, 그렇게 서두를 필요 없다! 이제부턴 늦을 일이 없을 테니까!"

나는 그가 나를 놀리는 것으로 생각하고 가쁜 숨소리를 내면서 아멜 선생님이 계신 작은 교정으로 뛰어갔다.

여느 때 같으면 수업이 시작될 무렵 책상 서랍을 여닫는 소리와 좀더 잘 외우려고 귀를 막고 큰 소리로 책을 읽어 대는 소리, 그리고 큰 쇠자로 교탁을 두드리면서 '좀 조용히 해!' 하시는 선생님의 목소리가 큰길까지 들릴 만큼 떠들썩하게 마련이었다.

나는 그 소리를 이용하여 슬그머니 내 자리에 가서 앉으려고 마음속으로 생각했다. 그러나 그 날은 마치 일요일 아침처럼 조용하기만 했다. 열린 창 너머로 벌써 제자리에 앉아 있는 친구들과 그 무서운 쇠자를 겨드랑이에 끼고 왔다갔다 하시는 아멜 선생님의 모습이 보였다.

그렇지만 나는 그 고요함을 깨뜨리고 교실 안으로 들어가야만 했다.

아, 얼마나 미안하고 겁이 났던지!

그런데 아멜 선생님께서는 평소와는 달리 화도 안 내셨을 뿐 아니라 아주 부드러운 음성으로 이렇게 말씀하셨다.

"프란츠, 얼른 네 자리에 가서 앉으렴. 하마터면 너 없이 수업을 시작할 뻔했구나."

나는 걸상을 건너뛰어 내 자리에 엉덩이를 붙이고 앉았다. 그제야 미안함과 두려움이 가라앉은 나는 아멜 선생님께서 장학관이 오는 때나 상장 수여식을 할 때가 아니면 입지 않으시는 아름다운 초록빛 프록코트를 입었고, 섬세하게 주름잡힌 레이스 장식을 가슴에 달았으며, 검은 비단에 자수가 놓인 둥근 모자를 쓰고 계신 것을 깨달았다. 더욱이 교실 전체에 무엇인가 평소와는 다른 고요함과 엄숙함이 감돌고 있음을 느꼈다.

그러나 무엇보다도 나를 놀라게 한 것은 평소에는 늘 비어 있던 뒤쪽 걸상에 마을 사람들이 엄숙한 표정으로 앉아 있는 모습이었다.

삼각 모자를 쓴 오제 영감님, 옛날에 면장을 지내셨던 아저씨, 도 집

배원이셨던 아저씨, 그 밖에도 많은 사람들이 다소곳이 앉아 있었다. 그런데 모두들 슬픈 표정을 하고 있었다. 특히 오제 영감님은 가장자리가 낡은 문법책을 무릎 위에 펴 놓은 채 그 위에 큼직한 돋보기를 올려놓고 있었다.

내가 이런 모든 변화에 내심 놀라고 있는 사이, 아멜 선생님은 교단 위에 올라가셔서 조금 전 나를 맞이해 주실 때와 똑같이 부드럽고 엄숙한 목소리로 말씀하셨다.

"여러분, 내가 여러분에게 수업을 하는 것은 오늘이 마지막입니다. 알사스와 로렌의 초등 학교에서는 독일어만을 가르치라는 명령이 베를린으로부터 내려왔습니다. 새 선생님께서 내일 오실 겁니다. 오늘은 여러분의 마지막 프랑스 어 수업입니다. 열심히 들어 주시기 바랍니다."

이 몇 마디 이야기를 듣고 나는 몹시 당황했다.

아, 나쁜 놈들! 면사무소 앞에 게시되었던 것이 바로 이것이었구나!

나의 마지막 프랑스 어 수업이라니!

나는 이제야 겨우 글을 쓸 수 있을 정도인데, 이제 영원히 그것을 배울 수 없으려나! 정말 여기서 그쳐야 한단 말인가!

나는 그 동안 헛되이 보낸 시간을 얼마나 후회했는지 모른다. 새의 둥지를 찾아 돌아다니던 일, 사이르 강으로 썰매를 타러 쏘다니느라고 학교 수업을 등한시했던 일들이 한스럽게 느껴졌다.

조금 전까지만 해도 들고 오는 데 그토록 무겁고 번거롭게 느껴지던 문법책이나 성서가 이제는 도저히 멀리 할 수 없는 친한 친구처럼 생각되었다.

아멜 선생님도 마찬가지였다. 선생님이 떠나시면 다시는 만나지 못할 것이라는 생각이, 벌을 받고 쇠자로 맞던 기억들을 고스란히 잊게 했다.

가엾은 선생님!

선생님은 이 마지막 수업을 위해 단정하게 정장 차림을 하셨던 것이다. 그리고 마을 노인들이 무엇 때문에 교실 뒷줄에 와서 앉아 있는지도 비로소 알 수 있었다.

그분들은 좀더 자주 학교를 찾아오지 못했던 것을 뉘우치고 있는 표정이 역력했다. 그들은 40년 동안이나 교육에 봉사해 온 아멜 선생님께 감사함을 표하고 쓰러져 가는 조국에 마지막 의무를 다하기 위해 엄숙하게 앉아 있는 것이다.

내가 이러한 생각에 잠겨 있을 때, 내 이름을 부르는 소리가 들렸다. 내가 외울 차례가 온 것이다. 그 어려운 분사법의 규칙을 큰 소리로 확실하게, 하나도 틀리지 않고 완전히 외울 수 있었더라면 난 무척 자랑스러웠을 것이다. 그러나 난 첫마디부터 꽉 막혀 감히 고개도 들지 못하고 비참한 심정으로 서서 몸만 흔들고 있었다.

아멜 선생님이 말씀하셨다.

"프란츠, 널 꾸짖지는 않겠다. 넌 이미 충분히 벌을 받았어. 모두들 이런 식으로 매일 생각했었지. '괜찮아, 시간은 충분해. 내일 배우면 되지 뭐.' 그런데 그 결과 어떤 일이 일어났는지 이제 알게 된 거야. 아, 자녀 교육을 항상 미룬 것이야말로 우리 알사스의 가장 큰 불행이었어. 지금 저들은 우리에게 이런 식으로 말할 수도 있는 거야. '뭐, 너희들이 프랑스 인이라고? 너희 나라 말을 읽고 쓸 줄도 모르면서?' 하지만 프란츠, 가장 죄가 많은 것은 네가 아니란다. 우리 모두 다 스스로 반성하고 자신을 꾸짖어야만 해. 부모님들도 너희들의 교육을 별로 원치 않았어. 그분들은 몇 푼의 돈을 더 벌겠다고 너희들을 밭이나 실 뽑는 공장으로 보내려 했으니까. 이 선생님은 잘못이 없었을까? 수업을 하지 않고 너희들로 하여금 내 꽃밭에 물을 주게 했었지. 또 송어를 잡으러 가고 싶으면 거리낌없이 너희들의 공부를 쉬게 했었지."

이어서 아멜 선생님은 프랑스 말에 대해 말씀하시기 시작했다. 프랑스 말은 이 세상에서 가장 아름답고 가장 분명하며 가장 견실한 말이라는 것과, 그리고 이 언어를 우리의 가슴속에 간직하여 결코 잊어서는 안 된다는 것을 말씀하셨다. 왜냐하면 한 민족이 노예 신세가 되었다 하더라도 그 언어를 잘 보유하고 있는 한 그것은 마치 감옥의 열쇠를 쥐고 있는 것이나 마찬가지라는 것이었다.

그런 후 선생님은 문법책을 들고 우리가 배워야 할 부분을 읽어 보셨다. 웬일인지 선생님께서 말씀하신 것들이 모두 쉽게만 여겨졌다.

내 자신 그 때만큼 주의를 기울여 들은 적이 없었으며, 선생님께서도 그렇게 참을성 있게 설명하신 일이 일찍이 없었다. 마치 그 가엾은 선생님께서는 떠나시기 전에 자신의 모든 지식을 우리에게 전해 주시려는 것 같았다.

문법 시간이 끝나고 글쓰기를 시작했다. 아멜 선생님께서는 이 날을 위해 새로운 글씨본을 마련해 놓으셨다. 거기에는 예쁘고 둥근 글자체로 '프랑스, 알사스, 프랑스, 알사스'라고 씌어 있었다. 그것은 마치 우리들의 책상 위에 수없이 꽂혀 펄럭이고 있는 작은 깃발들 같았다.

모두들 스스로 얼마나 열심이었으며 얼마나 조용했던지 종이 위에 펜촉이 스치는 소리뿐이었다.

한순간 풍뎅이가 날아 들어와 윙윙거렸지만, 아무도 그것에 관심을 두지 않았다. 어린 꼬마들도 용기와 신념을 갖고 마치 그것이 무슨 대단한 프랑스 말이라도 되는 양 글자 획을 긋는 일에 정성을 쏟았다.

학교 지붕 위에서는 비둘기들이 울고 있었다. 나는 그 소리를 들으면서 생각했다.

'그 나쁜 놈들은 저 비둘기들에게도 독일어로 지저귀게 하려는 게 아닐까?'

이따금 책상에서 고개를 들어 보면 아멜 선생님께서는 교단 위에서 꼼짝도 하지 않고 뭔가를 뚫어지게 바라보고 계셨다. 마치 이 조그만 학교에 있는 모든 것들을 눈 속에 넣어 가지고 가시려는 듯 주위의 물체들을 응시하고 계셨다.

생각해 보라. 선생님께서는 40년 동안, 늘 변함없는 교실——그 앞에 교정이 보이는 바로 저 자리에 서 계셨다. 단지 걸상과 책상만이 오래 쓰는 동안 닳아서 반들반들해졌을 따름이다. 교정에 있는 호두나무들은 크게 자랐으며, 선생님께서 손수 심으신 후박나무는 이제 지붕까지 뻗어올라 창문을 장식하고 있다.

이 모든 것들과 헤어져야 한다는 것이, 이층 방에서 짐을 꾸리느라

법석을 떠는 누이동생의 소리를 듣는 것이, 가엾은 선생님께는 얼마나 가슴 아픈 일이겠는가? 내일이면 그들은 이 지방에서 영원히 떠나야만 하는 것이다.

그런데도 선생님은 우리의 마지막 수업을 끝까지 계속할 만한 용기를 가지고 계셨다. 글씨 쓰기 다음에 우리는 역사 공부를 했다. 그리고 나서 어린 학생들은 모두 함께 '바 베 비 보 부' 노래를 했다.

교실 구석에서는 오제 영감님이 안경을 쓰고 초급 프랑스 어 교본을 손에 든 채 어린 학생들과 함께 철자들을 하나하나 읽고 있었다. 우리는 영감님이 얼마나 열심히 공부하고 있는가를 알 수 있었다. 그의 목소리는 감동에 묻혀 떨리고 있었다. 그러나 그가 읽는 목소리는 여간 우스꽝스러운 것이 아니어서 우리는 모두 웃고 싶기도 하고 울고 싶기도 했다.

아아, 나는 그 마지막 수업을 영원히 기억할 것이다!

갑자기 성당의 시계가 열두 시를 쳤고, 이어서 삼종기도 종소리가 울렸다. 바로 그때 훈련을 마치고 돌아온 프러시아 병사의 나팔 소리가 우리 교실 창문 밑에서 울려 왔다.

아멜 선생님께서는 몹시 창백한 얼굴로 교단 위의 자리에서 일어나셨는데, 그때처럼 그가 커 보인 적은 일찍이 없었다.

"여러분."

선생님께서 입을 여셨다.

"여러분, 나는…… 나는…….."

하지만 무엇인가가 선생님의 말문을 막고 있었다. 선생님께서는 끝내 말을 맺지 못하셨다. 그리고 칠판으로 돌아서더니 분필 한 개를 집어 드시고는 큰 글씨로 있는 힘을 다해 한껏 눌러 쓰셨다.

'프랑스 만세.'

그리고는 벽에 머리를 기대신 채 아무 말 없이 우리에게 손짓하셨다.

'이제, 수업이 끝났어요. 돌아들 가세요.'

못된 알제리 병사

생 마리 오 미느에 사는 키다리 대장장이 로리는 그날 저녁 기분이
언짢았다.

여느때는 대장간 아궁이의 불이 꺼지고 해가 저물면, 문 앞의 의자에
걸터앉아 온종일 뜨거운 곳에서 열심히 일한 다음의 기분 좋은 피로감
을 맛보곤 했었다. 그리고 견습공들과 함께 공장이 파해 집으로 돌아가
는 사람들을 바라보면서 시원한 맥주를 들이켜는 것이 보통이었다.

하지만 그날 저녁의 그는 식탁으로 올 때까지 가마 앞을 떠나지 않았
다. 덕분에 식사하러 오는 시간마저 몹시 늦어졌다.

아내는 남편을 바라보면서 생각했다.

'왜 저러는 걸까? 군대에서 나에게 말하고 싶지 않은 나쁜 소식이라
도 날아온 걸까? 혹시 우리 맏이가 병이라도 난 건 아닐까?'

그러나 아내는 아무것도 묻지 않았다. 단지 크림을 친 맛있는 검은
순무 샐러드를 먹으면서 식탁 주위에 둘러앉아 웃고 떠드는, 다 익은
벼이삭 빛깔 같은 금발의 세 아이들을 떠들지 못하게 하는 일에만 신경
을 썼다.

마침내 대장장이 로리는 화를 벌컥 내면서 접시를 밀어젖혔다.

"이런 빌어먹을! 나쁜 놈들!"

"로리, 누구한테 화를 내시는 거예요, 네?"

아내가 묻자, 그는 고함을 질렀다.

"프랑스 군복을 입고 바바리아 병사들과 팔짱을 낀 채, 오늘 아침부터 마을을 어슬렁거리고 다니는 그 대여섯 놈들이 신경 쓰여서 그래. 어떤 변명을 늘어놓을지는 몰라도……. 그놈들도 역시 프러시아 국적을 택했다는군. 매일처럼 정신이 썩어빠져서 돌아오는 알사스 인들을 보고 있어야 하다니, 놈들의 머리가 어떻게 된 건지 모르겠어."

아내는 그들을 변호하려고 했다.

"도리 없잖아요, 여보? 그 아이들만 나쁘다고 할 수는 없어요. 그 아이들이 가는 아프리카의 알제리라는 곳은 너무 머니까요. 얼마나 고향이 그립겠어요? 돌아오고 싶고, 군대를 포기하고 싶은 유혹이 굴뚝 같을 거예요."

로리는 주먹으로 식탁을 내리쳤다.

"당신, 조용히 못하겠어! 여자들은 아무것도 모른다니까! 늘 애들과 함께 살고 애들 걱정만 하니까, 일이 어떻게 되든 어린애 취급을 하는 버릇이 있어. 하지만 녀석들은 한심하기 짝이 없는 놈들이야. 변절자라고. 아암, 비겁한 놈들이야. 만약 우리 크리스티앙이 그런 부끄러운 짓을 저지른다면, 내가 7년간이나 프랑스 병사로 근무했던 명예를 걸고 단칼에 찔러 죽이고 말겠어."

대장장이는 무서운 얼굴로 몸을 반쯤 일으키고, 아프리카에서 그려 보내온 알제리 군복 차림의 아들 초상화 밑에 걸린 긴 군도를 가리켰다. 그러나 강렬한 광선을 받아 분명했던 색깔이 하얗게 변해 가고 있는, 선량해 보이는 알사스 인의 햇볕에 탄 얼굴에 가서 눈이 멎자 갑자기 마음이 가라앉아 웃기 시작했다.

"나도 미쳤지. 우리 크리스티앙이 프러시아 인이 될 리가 있나? 전쟁 중에 그토록 많은 적을 무찌른 녀석인데……."

이런 생각으로 기분을 바꾼 그는 유쾌한 가운데 식사를 마쳤다. 그리고 맥주를 두 잔 마신 다음, 곧 빌 드 스트라스부르크로 나갔다.

이리하여 로리 부인은 혼자 남게 되었다. 그녀는 금발의 세 아이들을 재우고——잠들기 전의 새둥지처럼 여전히 애들 방이 시끄러운 것을 알고 있었지만——뜰 옆의 문 앞에 앉아 바느질을 시작했다.

그녀는 이따금 한숨을 지으며 마음속으로 생각했다.

'그래, 그건 나도 나쁘다고 인정해. 그 애들은 비겁자야. 변절자지. 하지만 그거야 아무러면 어때! 그 애들을 다시 곁에 둘 수 있다니, 그 엄마들은 얼마나 행복할까?'

그녀는 아들이 군대에 들어가기 전, 마침 지금과 같은 시각에 이 집에서 화단 정리를 하고 있던 때의 일을 회상했다. 그녀는 아들이 작업복을 입고 긴 머리를 나부끼면서 물뿌리개에 물을 뜨러 왔던 우물을 바라보았다. 그러나 그 아름답던 머리카락도 알제리 군대로 들어가기 전에 잘리고 말았다.

그 때 갑자기 그녀는 흠칫 몸을 떨었다. 밭으로 통하는 쪽의 쪽문이 열렸던 것이다. 개도 짖지 않았고, 안으로 들어온 자는 마치 도둑처럼 벽을 따라 살금살금 걷더니, 벌통 사이를 지나 그녀 앞에 나타났다.

"안녕하셨어요, 어머니?"

단정치 못하게 군복을 걸친 크리스티앙이 부끄러운 듯 주춤거리면서 변변히 말조차 하지 못하며 그녀 앞에 서 있었다. 이 칠칠치 못한 아들은 다른 동료들과 함께 고향으로 돌아왔던 것이다. 그리고 한 시간 전부터 집 주위를 빙빙 돌며 안으로 들어올 기회를 찾기 위해 아버지가 나가기만을 기다렸었다.

어머니는 아들을 야단치고 싶었지만, 그럴 용기가 나지 않았다. 얼마나 오래도록 만나지 못했으며, 또 만나면 얼마나 안아 주고 싶었던 아들인가!

이윽고 아들은 그럴듯하게 이런저런 변명을 늘어놓기 시작했다. 고향이 그리워졌다는 둥, 대장간으로 돌아오고 싶었다는 둥, 부모님 곁을 떠나 있는 게 싫었고 군대 규칙도 더 까다로워졌다는 둥, 또 동료들은 그가 알사스 사투리를 쓰니까 '프러시아 인'이라고 놀린다는 둥…….

어머니는 아들의 말을 모두 믿었다. 그녀가 아들을 믿기 위해서는 그 얼굴만 보고 있으면 되었다. 두 사람은 쉴 새 없이 이야기를 주고받으면서 방으로 들어갔다.

잠이 깬 동생들은 속옷 바람으로 큰형을 껴안기 위해 달려왔다. 어머니는 뭔가 먹이고 싶었지만, 아들은 배가 고프지 않다고 말했다. 그는 단지 목이 몹시 말랐을 뿐이었다. 그래서 아침부터 2차, 3차로 술집을 돌아다니면서 마셔 댔던 맥주나 포도주의 취기를 없애기 위해 물만 벌컥벌컥 들이켰다.

그때 누군가 뜰을 가로질러왔다. 대장장이가 돌아왔던 것이다.

"크리스티앙, 아버지다. 얼른 숨어라. 내가 차차로 이유를 설명할 테니까…….."

그녀는 아들을 도기로 만든 커다란 난로 뒤에 밀어넣었다. 그리고 떨리는 손으로 바느질을 시작했다. 그러나 공교롭게도 알제리 병사의 모자가 탁자 위에 놓여 있었고, 더욱이 로리는 방 안으로 들어서자마자 그것을 발견했다. 아내의 창백한 얼굴, 당황한 몸짓……. 그는 모든 것을 눈치 챘다.

"크리스티앙이 왔군!"

그는 무섭게 말하고 나서 미치광이처럼 군도를 빼어들었다. 그리고는 알제리 병사가 술기가 가신 창백한 얼굴로 쓰러지지 않으려고 벽에 기대어 웅크리고 있는 난로 쪽으로 달려갔다.

어머니가 두 사람 사이에 뛰어들었다.

"로리, 로리, 제발 죽이지 말아요! 제가 편지를 썼던 거예요. 아버지한테 네 일손이 필요하니까 돌아오라고요!"

그녀는 남편의 팔에 매달려 흐느껴 울었다.

아이들은 어두운 방 안에서, 누구의 목소리인지도 모를 만큼 쉬어 버린, 눈물과 노기로 뒤범벅이 된 음성을 듣고 겁에 질려 울었다.

대장장이는 마음을 가라앉히고 아내를 바라보았다.

"그래, 당신이 돌아오게 했단 말이지? 그렇다면 좋아. 오늘은 재워 주고, 어떻게 하면 좋을지는 내일 생각하기로 하자고."

다음 날, 밤새도록 악몽에 시달리고 까닭 없이 무서웠던 꿈의 수렁에서 벗어나 눈을 뜬 크리스티앙은 자신이 어렸을 때 쓰던 방에서 잠이 깼다는 것을 알았다. 호프꽃이 피어 있고, 납으로 둘린 자그마한 창문 너머로 태양이 높이 빛나고 있었다. 아래에서는 철판을 두들기는 쇠망치 소리가 들려왔다. 어머니가 머리맡에 앉아 있었다. 어머니는 밤새도록 아들의 곁을 떠나지 않았던 것이다. 그만큼 그녀는 남편의 분노가 두려웠다.

늙은 남편 역시 잠을 이루지 못했다. 아침까지 집안을 돌아다니면서 울다가 탄식을 하고, 서랍을 여닫기도 하면서 서성거렸다. 그러다가 엄숙한 표정으로 아들 방에 들어왔다. 마치 여행을 떠나는 사람과도 같은 차림으로 무릎까지 각반을 매고, 챙 넓은 모자를 쓰고, 끝에 쇠붙이가 박힌 튼튼한 등산용 지팡이를 들고…….

그는 성큼성큼 침대로 다가와서 말했다.

"자, 일어나거라! 어서 일어나!"

아들은 다소 겸연쩍은 듯 알제리 병사의 군복을 집으려고 했다.

"아냐, 그게 아냐!"

아버지가 엄하게 말했다.

그러자 어머니는 조심스럽게 입을 열었다.

"하지만 여보, 다른 옷은 없잖아요?"

"내 옷을 줘. 내게는 이제 필요없을 테니까."

아들이 옷을 갈아입는 동안, 로리는 군복의 상의와 붉고 큼지막한 바지를 정성껏 개어 짐을 꾸렸다. 그리고 짐을 다 싸자, 양철 수통을 목에 걸었다.

"자, 내려가자."

그가 말했다.

세 사람은 말없이 대장간으로 내려갔다. 풀무질하는 소리가 들렸고, 모두들 일하고 있었다.

알제리 병사는 전쟁터에 있을 때 그렇게도 그리워했던 이 활짝 열린 대장간을 보고 어린 시절을 회상했다. 뜨거운 열기와 검은 숯가루 속에 활활 불꽃이 타오르던 저곳에서 얼마나 긴 시간을 놀았던가!

그는 갑자기 심한 그리움에 사로잡혀 아버지에게 용서를 빌고 싶어졌다. 그러나 눈을 들면 변함없이 엄중한 아버지의 눈초리와 부딪치는 것이었다.

대장장이가 마침내 결심했다는 듯 말을 꺼냈다.

"얘야, 이 철판도 이 연장들도……. 모두 다 네 것이다. 그리고 저것들도!"

그는 연기에 그을린 문 안쪽으로 펼쳐진, 햇빛을 가득 받으면서 꿀벌들이 날아다니는 자그마한 정원을 가리키면서 덧붙였다.

"벌통도 포도밭도 이 집도 모두 네 것이다. 넌 네 명예를 이런 것들을 위해 바쳤으니, 네가 그것들을 갖는 것은 당연한 일이다. 넌 이 곳의 주인이다. 그 대신 내가 네 대신 떠나마. 넌 프랑스 군대에 5년간 의무적으로 복무해야 해. 내가 그것을 대신 갚아 주마."

"로리, 로리, 어디 가세요?"

가엾은 어머니가 외쳤다.

"아버지!"

아들도 매달렸다.

하지만 대장장이는 이미 집을 나서고 있었다. 뒤도 돌아보지 않은 채 성큼성큼…….

시디 벨 아베의 제3알제리 보병 연대의 후방 부대에는 며칠 전부터 쉰다섯 살이나 되는 늙은 지원병이 있었다.

나 룻 배

전쟁 전에는 그 곳에 훌륭한 다리가 하나 있었다. 두 개의 하얀 돌기
둥이 높직이 섰고, 콜타르를 칠한 밧줄이 센 강의 수평선을 따라 뻗어
간 그 시원스러운 경치는 배들을 매우 돋보이게 했다.

그 한가운데 커다란 아치 밑을 한 달에 두 번씩 증기선이 작은 배를
거느리고 일부러 굴뚝을 낮출 필요도 없이 연기를 뿜으면서 지나갔다.

양쪽 기슭에는 빨래하는 아낙네들의 간이 의자라든가 빨래 방망이들
이 놓여 있었고, 조그만 고깃배들도 묶여 있었다. 커다란 녹색 커튼처럼
목장 사이에서 뻗어나온 포플러 가로수길이 다리로 이어졌다. 정말 아
름다운 풍경이었다.

그런데 올해는 완전히 변해 버렸다. 포플러 나무들은 여전히 서 있어
도 어디로도 이어져 있지 않다. 이미 다리는 없는 것이다. 두 개의 기둥
은 날아갔고, 부서진 파편만이 주위를 어지럽히고 있을 뿐이다.

진동 때문에 반쯤 무너져 내린, 예전에 다리를 지키던 하얗고 자그마
한 집은 새로이 생긴 폐허, 바리케이드, 또는 파괴물 같은 인상을 준다.
밧줄과 철선이 쓸쓸하게 물에 잠겨 있다. 모래를 뒤집어쓰고 썩어 가는
다리 상판은 물 위에 떠올라, 선원들에게 알리기 위해 붉은 깃발을 세
운 난파선처럼 보인다.

그리고 강물이 날라온 지푸라기나 이끼 낀 판자 등 여러 잡다한 것들

이 크고 작은 소용돌이를 일으키면서 댐처럼 그 곳에 막혀 있다.

그런데 그런 풍경 속에는 금이 가 있다. 뭔가 허점이 있을 것 같은 불행을 느끼게 한다. 더 한층 주위를 스산하게 만드는 것은 다리로 이어진 오솔길의 가로수가 듬성듬성해졌다는 점이다. 그렇게도 무성하고 아름다웠던 포플러는 맨 꼭대기까지 벌레가 먹어——나무들까지도 공격을 당한 셈이다——싹도 나오지 않은 메마른 가지가 짧고 앙상하게 뻗어 있다. 아무 도움도 되지 않는 황폐한 큰길가에서는 커다란 흰나비가 우울하게 날아다니고 있다.

다리가 다시 놓일 때까지 나룻배가 생겼다. 보통 볼 수 있는 뗏목인데, 가축을 맨 수레나 쟁기를 단 밭갈이 말, 그리고 흐르는 물을 보고 순박한 눈을 더 크게 뜨는 암소들을 태웠다. 가축과 수레를 한가운데에 싣고, 그 양편으로 통행인이나 농부, 읍내 초등학교에 다니는 어린이들, 그리고 별장에 사는 파리 사람들을 태웠다. 조난당한 사람들을 태운 뗏목처럼 돛이나 리본이 말고삐 옆에서 나부꼈다.

배는 조용히 나아간다. 건너는 데 꽤 시간이 걸리므로, 센 강이 전보다 훨씬 넓어진 듯하다. 무너져 내린 다리의 폐허 건너편, 서로 아무런 관계도 없을 것 같은 양쪽 강기슭 사이에 지평선은 슬프고도 위엄 있게 펼쳐져 있다.

그날 아침, 나는 강을 건너기 위해 몹시 서둘러 갔다. 강가에는 아직 아무도 없었다. 사공의 오두막은 젖은 모래 속에 있는 낡고 움직이지 않는 마차였는데, 안개에 젖은 채 문이 닫혀 있었다. 안에서 젊은이의 기침 소리가 들려왔다.

"어이, 우젠!"

"네, 나가요! 곧 나갑니다!"

사공은 다리를 끌며 나왔다. 잘생긴데다 아직 젊은 나이지만, 이번 전

쟁에 포병으로 나갔다가 다리에 총탄을 맞았고, 얼굴은 칼에 베었으며, 류머티스 때문에 온몸이 말을 듣지 않게 되자 돌아왔던 것이다.

그 착한 젊은이는 나를 보자 미소를 지었다.

"손님, 오늘 아침에는 우리뿐이라 조용하겠군요."

실제로 나는 혼자서 배에 탔다. 그러나 그가 닻줄을 풀기도 전에 손님이 왔다. 먼저 코르베유 시장으로 가는, 반짝이는 눈에 뚱뚱한 몸집의 농부 아낙이 왔는데, 양팔에 두 개의 커다란 바구니를 끌어안고 있었다. 이 바구니가 그 촌티 나는 몸매에 중심을 잡아 주어 그녀로 하여금 힘차게 똑바로 걷게 했다.

이어서 움푹 팬 길을 또 다른 사람들이 걸어오는 모습이 안개 속에 흐릿하게 보였다. 말소리가 들렸다. 부드럽고 눈물을 머금은 듯한 여자의 음성이었다.

"제발 부탁이에요, 샤시뇨 씨. 우리를 괴롭히지 마세요. 그 사람이 지금 열심히 일하고 있는 걸 잘 아시잖아요? 돈이 될 때까지만 기다려 주세요. 그 사람이 바라는 건 그것뿐입니다."

이가 빠진 늙은 농부의 잔혹한 음성이 대답했다.

"이미 충분히 기다렸어. 지나칠 정도로……. 이번엔 집달리가 나설 차례지. 내가 알 바 아냐. 어이, 우젠!"

사공이 나지막이 말했다.

"그 못돼먹은 샤시뇨예요……."

그때 나는 한 키 큰 노인이 강가로 오는 것을 보았다. 거친 나사 프록코트에 아주 새것으로 보이는 실크 모자를 쓰고 있었다. 햇볕에 탄 주름투성이의 얼굴에 손은 곡괭이질로 마디가 불거져 있었지만, 신사 복장을 하고 있어 한층 더 사납게 보였다.

고집스러워 보이는 이마, 아메리카 인디언 악당 같은 커다란 매부리코, 쪼그라든 입, 교활해 보이는 주름살……. 샤시뇨라는 이름에 너무나도 잘 어울리는 모습이었다.

"자, 우젠, 빨리 떠나세."

그는 배에 올라타자마자 말했다. 그 목소리는 분노로 떨리고 있었다.

사공이 닻줄을 푸는 동안, 농부 아낙이 그에게로 다가갔다.

"샤시뇨 영감님, 누구 때문에 그렇게 화가 나셨나요?"

"어이구, 블랑슈 아주머니시로군. 그 얘기는 그만둬. 그렇지 않아도 화가 나 있으니까. 저 마질리에 식구들이라면 이젠!"

그리고는 울면서 움푹 팬 길을 돌아가고 있는 힘없고 가냘픈 그림자를 향해 주먹을 휘둘렀다.

"저 사람들이 어쨌는데요?"

"집세가 넉 달이나 밀렸어. 게다가 내 술도 가져갔어. 그런데 난 한 푼도 받지 못했다고. 그래서 직접 집달리를 찾아가는 거야. 저것들을 길거리로 내쫓으려고 말야."

"하지만 마질리에 씨는 좋은 사람이에요. 돈을 갚지 않는 것은 그 사람들이 나빠서가 아니잖아요? 이번 전쟁으로 재산을 잃은 사람이 어디 한둘인가요?"

늙은 농부는 울화통을 터뜨렸다.

"나쁜 자식! 프러시아 병사들을 이용해서 한몫 잡을 수 있었는데, 그놈이 원치 않았던 거야. 프러시아 병사들이 왔던 날, 녀석은 술집 문을 닫고 간판을 떼어 버렸어. 다른 술집 주인들은 전쟁중에 힘 안 들이고 돈을 버는데, 녀석은 한 푼어치도 팔지 않았다고. 게다가 더 바보 같은 건, 건방지게 끝까지 반항하다가 감옥에까지 끌려간 거야. 정말 얼간이 같은 놈이지. 전쟁이 자기하고 무슨 상관이야? 자기가 군인인가? 그저 손님한테 포도주나 브랜디만 내주면 되는 것을! 그랬더라면 지금쯤은 내 돈을 갚았을 것 아닌가? 좋아, 그렇게 애국자인 척했으니, 어디 맛 좀 봐라!"

그는 긴 프록코트는 입었어도 짧은 작업복에 익숙한 시골 농부답게 아둔한 태도로 소란을 떨었다.

그가 사정을 이야기해 감에 따라 아까까지는 마질리에 일가에 대한 동정심으로 넘쳐 있던 농부 아낙의 빛나던 눈동자도 점차 경멸의 빛으로 냉담하게 변해 갔다. 그녀 역시 무식한 아낙이었다. 그리고 그들은 돈 들어오는 일을 거부하는 자들을 결코 존경하지 않았다.

그녀는 '그 아내가 가엾군요.' 하더니, 이어서 '그건 정말 그래요. 기회에 등을 돌려서는 안 되죠.' 했다. 그리고 마지막 결론은 '영감님 말씀이 옳아요. 빚을 졌으면 갚아야 하고말고요.' 였다.

샤시뇨는 끊임없이 앙다문 어금니 사이로 이렇게 되풀이하고 있었다.

"나쁜 놈⋯⋯. 나쁜 놈⋯⋯."

뱃전에서 삿대질을 하며 그들의 말을 듣고 있던 사공은 마침내 말참견을 해야겠다고 생각했다.

"그렇게 화내지 마십시오, 샤시뇨 영감님. 집달리를 찾아간다 해서 무슨 방법이 있겠어요? 그 가난한 사람들의 물건을 팔아넘기는 건 너무 지독한 처사입니다. 좀 더 기다려 주세요. 그렇게 하실 만한 여유가 있잖습니까?"

노인은 물어뜯기라도 할 듯이 고개를 홱 젖혔다.

"쓸데없는 말 하지 마, 이 멍청아! 너도 애국자와 한패거리냐? 동정할 일이 아냐! 아이가 다섯이나 있는데다 한 푼도 없으면서 누가 시키는 것도 아닌데 제 발로 대포를 쏘러 가다니⋯⋯."

"잠시 여쭙겠습니다만(이 한심한 작자는 분명히 내게 물은 것이었다.), 이 전쟁이 과연 우리들에게 무슨 도움을 주었답디까? 예를 들어 저 사내는 전쟁 때문에 얼굴이 엉망진창이 되었고, 지금까지 갖고 있던 좋은 지위까지 빼앗겨서⋯⋯. 지금은 부랑자처럼 병든 아이들과 빨랫감에 지친 마누라하고 사방에서 바람이 들어오는 다 쓰러져 가는 오두막집에서 살고 있지 뭡니까? 이래도 바보가 아닙니까?"

사공의 얼굴에 분노의 빛이 스쳤다. 그리고 나는 그 창백한 얼굴 안에 깊고 하얗게 팬 칼자국을 보았다. 그러나 그는 자신을 억제할 힘이 있었다. 그 분노를 노에 실어, 비틀릴 만큼 세게 모래 속으로 처박았다. 다시 한 마디만 더 하면 그는 이 일자리마저 잃게 될 것이다. 왜냐하면 샤시뇨는 이 지방의 유력자니까. 그는 면의회 의원이었다.

기 수

　연대는 철도의 둑 위에서 전투 중이었다. 그 맞은편 숲 속에 잠복하고 있는 프러시아 군은 이 연대를 표적으로 하고 있었다. 양군은 80미터 거리를 두고 격전을 벌이고 있었다. 장교가 '엎드려!' 하고 외쳐도 명령을 듣는 자는 아무도 없었다. 용감한 연대원들은 일어선 채로 군기 주위에 모여 있었다.

　고전을 하고 있는 이 한 떼의 병사들은 무르익은 보리와 목장이 보이는 이 드넓은 대지에서, 폭풍 전야의 회오리에 휩싸인 가축의 무리처럼 석양을 받으면서 자욱한 화염에 휩싸여 있었다.

　들리는 것이라곤 오로지 총소리, 참호 속에서 굴러다니는 반합의 둔탁한 소리, 그리고 팽팽한 현악기의 처량한 소리처럼 전장의 이 끝에서 저 끝까지 기다랗게 울려 가는 탄환 소리뿐이었다.

　때때로 머리 위에 세워져 있던 깃발이 쏟아지는 총탄 바람에 펄럭이다가 연기 속으로 가라앉아 버린다. 그러면 총소리와 부상자의 신음 소리를 짓누르듯 엄중하고 침착한 음성이 울렸다.

　"기를! 모두들 기를 올려라!"

　곧 한 장교가 붉은 안개 속에 떠오르는 어렴풋한 그림자처럼 달려갔으며, 이어서 영웅적인 군기는 또다시 이 전쟁터에서 높이 생생하게 나부끼는 것이었다.

"스물두 번이나 군기는 쓰러졌다……."

스물두 번이나 죽어 가는 병사의 손에서 빠져 나온, 아직도 온기가 남은 군기 자루는 다른 손에 쥐어져 다시 세워지는 것이었다. 그리고 해가 졌을 때 연대에서 살아남은 소수의 병사들은 조용히 물러갔다. 그 날 스물세 번째의 기수인 오르뉘의 손에 잡힌 군기는 한 조각 누더기에 지나지 않았다.

이 오르뉘 상사는 갈매기 세 개짜리 계급장을 단 노병으로서, 자기 이름이나 겨우 쓸 수 있는 정도로 무식했으며, 하사관 계급장을 다는 데 20년이나 걸린 자였다.

버려진 아이가 겪었을 모든 불행이 병영 생활로 우둔해진 행동거지와 좁고 울퉁불퉁한 이마, 배낭을 져서 굽은 어깨, 그리고 무의식적으로 취하는 사열 중의 병사 같은 태도에 그대로 나타났다. 게다가 그는 약간의 말더듬이였다. 그러나 기수에게 웅변이 필요한 것은 아니다.

전투가 있던 그날 저녁, 연대장이 그에게 말했다.

"네가 군기를 받들고 있는 것이다. 잘 지켜라."

그 즉시 이미 비바람과 포화에 닳고닳은 그의 군복 상의에 매점에 있는 여자가 소위의 금줄을 꿰매 달아 주었다.

그것이 겸허한 그의 일생을 통해서 유일한 자랑거리였다. 그 바람에 노병의 허리는 단번에 펴졌다. 몸을 굽힌 채 땅만 보고 걷던 이 불쌍한 사나이는 그 때부터 그 누더기 같은 깃발이 죽음과 반역과 패배를 누르고 높이 들려 펄럭이는 모습을 보기 위해 눈을 위로만 향했다.

전투가 벌어지는 날 군기 자루 끝을 가죽 케이스에 꽂고 두 손으로 꽉 잡고 있을 때의 오르뉘보다 더 행복해 보이는 사람은 없었다. 그는 입도 열지 않았고, 움직이지도 않았다. 무엇인가 신성한 물건이라도 들고 있는 듯한, 마치 목사처럼 경건한 자세였다. 그의 온 생명과 힘이 탄환이 빗발치듯 엄습해 오는 이 아름다운 누더기를 꽉 쥔 그의 손가락에 몰려 있었다. 그리고 그의 눈은 정면에 있는 프러시아 병사를 향해, '내 손에서 이것을 빼앗아 가려면 빼앗아 가 봐라.' 라고 말하는 듯 도전적인 빛으로 가득 차 있었다.

아무도, 죽음까지도 그에게서 그것을 앗아가려 하지 않았다. 보르니나 그라브로트와 같은 격전지에서 군기는 찢기고 구멍이 나고 너덜너덜해졌지만, 어디든지 갔다. 그리고 그 기수는 늘 오르뉘였다.

이윽고 9월이 왔다. 메츠 아래 군대, 메츠의 포위, 진흙탕 속에서 오랫동안 멈추어 있는 동안 대포는 녹슬고, 세계 최강의 군대는 무력해지고, 식량과 정보의 결핍으로 사기를 잃어, 그들의 세워 둔 총 밑에서 열병과 권태로 죽어 가고 있었다.

지휘관이나 병사들이나 다 같이 신념을 잃고 있었다. 단지 오르뉘만이 신념에 차 있었다. 누더기 삼색기가 그에게는 모든 것을 대신했고, 군기가 그 곳에 있다는 것을 느끼기만 하면 아무것도 잃은 것이 없는 듯한 생각이 들었다.

불행히도 전투가 없었기 때문에 연대장은 그 기를 메츠 교외에 있는 자기 집에 보관해 두고 있었다. 선량한 오르뉘는 유모에게 아기를 맡긴 엄마의 심정이었다. 그는 언제나 군기 생각만 하고 있었다. 그리하여 참을 수 없는 권태감에 사로잡힐 때면 쏜살같이 메츠로 달려갔다. 그리고 군기가 여전히 같은 장소에 조용히 기대어 세워져 있는 모습을 보는 것만으로도 용기와 인내로 충만되어 돌아왔다. 저 프러시아 병사들의 참호 위로 펄럭이는 삼색기를 들고 전진하는 전쟁의 꿈을 품고 비에 젖은 천막 안으로 돌아오는 것이었다.

바젠 원수의 명령은 이 모든 환상을 산산이 깨뜨려 버렸다.

어느 날 아침, 오르뉘가 눈을 떴을 때 전진영은 술렁거리고 있었다. 흥분한 병사들은 사방에 무리지어 모두 같은 하늘 쪽으로 주먹을 휘둘렀고, 한 명의 죄인에 대해 울분을 터뜨리고 있었다.

"그놈을 죽여라! 총살하라!"

장교들도 병사들을 말리지 않았다. 그들은 병사들을 대할 낯이 없다는 듯 고개를 숙인 채 멀찌감치 떨어져서 걷고 있었다. 정말 굴욕적인 일이었다. 방금 완전 무장한 15만 명의 건장한 병사들에게 싸우지도 말고 적에게 항복하라는 장군의 명령서를 낭독했던 것이다,

"그럼 군기는?"

오르뉘가 창백한 얼굴로 물었다.

군기는 총이나 그 밖의 부대에 남아 있던 모든 장비와 함께 넘겨지고 있었다. 전부 다…….

"비……. 빌어먹을! 내 것은 절대로 놈들에게 줄 수 없다!"

가엾은 노병은 더듬거리며 말했다.

그리고 그는 마을을 향해 달리기 시작했다.

거기서도 누구나 흥분되어 있었다. 국민병, 시민, 군인들이 고함을 치며 소란을 피우고 있었다. 원수를 만나러 가는 대표자들이 몸을 떨면서 지나갔다. 오르뉘의 눈에는 아무것도 보이지 않고, 귀에는 아무것도 들리지 않았다.

교외의 길을 올라가면서 그는 혼자 이렇게 중얼거리고 있었다.

"내게서 군기를 빼앗아 간다고! 가당치도 않은 소리! 그럴 수가 있을까? 그럴 권리가 있을까? 프러시아 놈들에겐 금빛나는 마차나 멕시코에서 가져온 훌륭한 접시를 주면 될 거다! 그러나 그것은 내 것이다.

내 명예다. 아무도 거기에 손댈 수 없다."

이 말은 그가 달려가는 바람에, 그리고 더듬는 버릇 때문에 토막토막 끊어졌다.

그리고 이 노병의 가슴속에는 그 나름의 생각이 있었다. 확실하고도 결정적인 생각이었다. 즉, 군기를 빼앗아 연대 가운데로 가지고 가서 군기의 뒤를 따르는 자들과 함께 프러시아 군을 공격하여 쳐부순다는 것이다.

그가 연대장의 숙소에 도착했을 때, 안에서는 그가 들어가는 것을 허락하지 않았다. 연대장 역시 화가 나서 아무도 만나고 싶지 않았던 것이다. 그러나 오르뉘는 굽히지 않았다.

그는 욕지거리를 하고 고함을 치고 보초를 밀어젖혔다.

"내 군기……. 내 군기를 내놓아라!"

드디어 창문이 열렸다.

"오느뉘, 너냐?"

"네, 연대장님. 저는……."

"군기는 전부 병기고에 가 있다. 그 곳으로 가면 된다. 영수증을 줄 거다."

"영수증이라고요? 무슨 말씀입니까?"

"원수의 명령이다."

"하지만 연대장님……."

"듣기 싫다!"

그리고는 창문이 닫혔다.

늙은 오르뉘는 술 취한 사람처럼 몸을 비틀거렸다.

"영수증……. 영수증……."

그는 기계적으로 되풀이했다. 그리고는 다시 달리기 시작했다. 그가 아는 것이라고는 단 한 가지, 군기는 병기고 안에 있고, 어떻게 해서든 그것을 빼내 와야겠다는 생각뿐이었다.

병기고의 모든 문은 뜰에 나란히 줄지어 기다리고 있는 프러시아 군의 수송 차량을 내보내기 위해 활짝 열려 있었다.

오르뉘는 그 안으로 들어가면서 몸을 떨었다. 5, 60명이나 되는 다른 부대의 기수들이 서글픈 표정으로 묵묵히 그 곳에 모여 있었다. 비를 맞고 있는 낡은 마차들, 그 뒤에 모자도 쓰지 않은 무리들을 보니 마치 장례식장 같았다.

한쪽 구석에 바젠 군의 모든 군기가 진흙투성이 돌바닥 위에 뒤범벅이 되어 쌓여 있었다. 너덜너덜하게 찢긴 화려한 비단 조각들, 이 술 장식과 조각된 자루의 잔해들, 땅 위에 버려져 비와 진흙에 더럽혀진 이 영광의 군기는 더없이 비참해 보였다.

담당 장교가 그 기를 하나씩 들어올리면서 연대 이름을 부르면, 기수들이 나와서 영수증을 받는 것이었다.

딱딱하고도 무표정한 두 명의 프러시아 장교가 그 일을 감시하고 있었다. 오, 성스럽고도 영광스러운 누더기 비단들이여! 그대들은 찢어진 상처를 벌리고 날개 떨어진 새처럼 돌바닥에 먼지를 털면서 쓸쓸히 사라지는 것이다! 그대들은 아름다운 것이 더럽혀졌다는 수치감을 안고 사라지는 것이다. 그대들은 각기 프랑스의 일부분을 간직한 채 사라지는 것이다! 기나긴 진군의 시간 동안에 받은 햇살이 색바랜 그대의 주름 사이에 남아 있다. 총탄이 지나간 자국 속에 그대들은 죽어간 무명 용사들의 추억, 적의 표적이 된 깃발 아래 쓰러져 간 이름 모를 용사들의 추억을 지니고 있는 것이다.

"오르뉘, 네 차례다. 이름을 부르고 있잖아. 영수증을 받아 와."

정말 영수증을 주는 모양이다!

군기는 그의 앞에 있었다. 그것은 분명히 가장 아름답고 가장 많은 상처를 입은 그의 군기였다. 그 군기를 보니 또다시 격전의 언덕에 있는 듯한 느낌이 들었다. 총알이 날고 반합이 구르고 '어이, 군기를 지켜라!' 하는 연대장의 목소리가 들렸다.

그리고 스물두 번째의 전우가 쓰러지자, 그가 스물세 번째로 달려나가 잡아 줄 손이 없어서 흔들리는 불쌍한 기를 굳게 일으켜세웠던 것이다. 아아, 그 날 그는 죽을 때까지 그 기를 지키리라 맹세했었다. 그런데 지금은.

그런 생각을 하니 온몸의 피가 거꾸로 치솟았다. 그는 술취한 사람처럼 정신없이 프러시아 장교에게로 달려들어 사랑하는 군기를 낚아채어 두 손으로 꽉 잡았다. 그리고는 '군기를……' 하고 소리치며 더욱 높이 똑바로 들려고 안간힘을 썼다. 그러나 그의 목소리는 목구멍 속에서 멈추어 버렸다. 그는 기의 자루가 떨리면서 두 손 사이에서 미끄러져 내려가는 것을 느꼈다.

항복한 거리 위를 무겁게 찍어누르는 이 권태로운 공기, 죽음의 대기 속에서 군기는 이제 휘날리지 않았다. 자랑스러운 것은 이제 그 무엇도 살아남을 수 없었다. 늙은 오르뉘는 기절해 쓰러졌다.

거 울

북쪽 나라의 니에망 강가에 식민지 태생인 한 백인 소녀가 도착했다. 나이는 열다섯, 얼굴은 꽃처럼 하얗고 발그스름했다.

그녀를 벌새들의 나라에서 이 곳으로 날라다 준 것은 사랑의 바람이었다. 섬사람들은 소녀에게 말했었다.

"가면 안 돼. 육지는 춥단다. 겨울이 되면 얼어 죽고 말 거야."

그러나 소녀는 겨울을 믿지 않았다. 그리고 추위라는 것을 얼음과자를 먹을 때의 느낌 정도로밖에는 알고 있지 못했다. 게다가 소녀는 사랑하고 있었기 때문에 죽음이 두렵지 않았다. 그래서 지금 니에망의 안개 속으로 부채랑 그물 침대, 모기장, 또 고향의 새들을 잔뜩 집어넣은 황금빛 망태기 따위를 준비해 가지고 육지로 온 것이다.

남쪽 나라가 빛에 싸서 보내온 이 소녀를 보았을 때, 늙은 북쪽 나라 할아버지는 가련한 생각에 온몸이 떨렸다. 그리고 추위가 소녀와 벌새들을 한 입에 잡아먹을 거라고 생각해서 서둘러 노랗고 커다란 태양을 켠 다음, 그들을 맞이하기 위해 여름 단장을 했다.

그러자 식민지 태생의 백인 소녀는 오해를 했다. 소녀는 이 북쪽 나라의 더위가 오래 가지 않는 것임을 깨닫지 못했으며, 검푸른 녹음을 마치 봄의 초록인 것처럼 생각하여 뜰에 선 두 그루의 전나무 사이에 그물 침대를 걸고 온종일 부채질만 하면서 흔들흔들 누워 있었다.

"북쪽 나라는 춥다고 하더니, 이건 너무 덥잖아!"

소녀는 웃으면서 말했다.

그러나 뭔가 그녀를 불안하게 만드는 것이 있었다. 왜 이 이상한 나라에는 집에 베란다가 붙어 있지 않을까? 어째서 벽은 두껍고, 꽃무늬 양탄자가 깔려 있으며, 무거운 커튼이 쳐져 있는 것일까? 이 커다란 도기 벽난로, 뜰에 쌓여 있는 장작더미, 푸른 여우 가죽, 두꺼운 망토, 장롱 안에 보관되어 있는 모피, 대체 이런 것들이 어디에 쓰인담?

오, 가엾은 소녀여, 이제 곧 그것을 알게 되리라.

어느 날 아침, 눈을 떴을 때 소녀는 심한 추위를 느꼈다. 태양은 어디론가 모습을 감추어 버렸고, 밤 사이에 땅 위로 내려앉았다고 생각될 만큼 어둡고 낮은 하늘에서 마치 솜나무 밑에 있는 것처럼 하얀 비로드 같은 것이 자잘한 가루가 되어 조용히 떨어지고 있었다.

겨울, 겨울이 온 것이다! 바람은 거칠게 휘몰아쳤고, 난로는 웅웅 소리를 냈다. 황금빛 망태기 안에서 벌새들은 이제 지저귀지 않았다. 푸른빛, 장밋빛, 홍옥빛, 초록빛의 자그마한 날개는 이제 움직이지 않았다. 그들이 서로 몸을 맞대고 힘없이 눈을 감은 채 추위에 오들오들 떨면서 웅크리고 있는 모습은 보기에도 가슴 아팠다.

저쪽, 공원 안에서는 고드름이 매달린 그물 침대가 몸서리를 치고 있었다. 그리고 전나무 가지는 마치 유리로 만든 실 같았다. 소녀는 추워서 밖으로는 나가고 싶지 않았다.

소녀는 자기가 데리고 온 작은 새들처럼 불 옆에 쪼그리고 앉아 불꽃을 바라보면서 시간을 보냈으며, 기억을 더듬어 태양을 만들고 있었다.

활활 타고 있는 커다란 벽난로 안에서 소녀는 또렷하게 떠오르는 고향을 보았다. 녹아 흐르는 흑설탕과 금빛 먼지 속에서 춤추는 듯한 옥수수 알과 함께 생각나는, 태양이 환하게 내리쬐는 넓은 해변, 그리고 오후의 낮잠, 엷은 빛깔의 커튼, 왕골 돗자리, 게다가 별이 빛나는 밤하늘, 반딧불이, 또 꽃잎 사이에서나 모기장 그물 안에서 붕붕거리는 수없이 많은 자그마한 날개들…….

이렇게 소녀가 불 앞에서 꿈을 꾸고 있는 동안, 겨울날은 갈수록 짧아지고 어두워져 갔다. 매일 아침, 망태기에서 죽은 벌새들을 꺼냈다.

이윽고 벌새가 단 두 마리만 남게 되었는데, 그들은 한쪽 구석에 마주 앉아서 녹색의 깃을 거꾸로 세운 채 두 개의 덩어리가 되어 있었다.

어느 날 아침, 소녀는 일어날 수가 없었다. 마치 마봉(지중해 서쪽, 에스파냐에 있는 항구)의 돛단배가 북쪽 나라의 얼어붙은 강에서 꼼짝할 수 없게 된 것처럼 추위가 소녀를 감싸서 얼어붙게 만들었다.

잔뜩 흐린 날씨로 방 안은 스산했다. 서리가 유리창에서 둔하고 탁한 빛의 비단 장막을 만들었다. 마을은 마치 죽은 것처럼 보였다. 그리고 소리 없는 거리에서는 증기를 이용해 눈 치우는 기계가 쓸쓸하게 울고 있었다.

소녀는 침대 속에서 마음을 달래기 위해 부채의 금가루를 반짝여 보기도 하고, 커다란 인도산 새 깃털로 장식된 고향에서 가져온 거울 속에 자신의 모습을 비추어 보기도 하면서 시간을 보냈다.

점점 더 빠르게, 점점 더 어둡게 겨울날은 계속되어 갔다. 식민지 태생의 소녀는 레이스 커튼 속에서 슬픔에 잠겨 있었다. 특히 그녀를 슬프게 만드는 일은 침대에서 불이 보이지 않는 점이었다. 그녀는 또다시 자신의 나라를 잃어버린 듯한 기분이 되었다.

소녀는 가끔 물었다.

"방에 불이 있나요?"

"아암, 있고말고. 난로는 활활 타고 있어. 장작이 타들어 가는 소리와 솔방울 터지는 소리가 들리지?"

"보여 주세요, 네?"

그러나 아무리 몸을 숙여도 소용이 없었다. 불은 그녀에게서 멀리 떨어져 있었다. 그녀는 불을 볼 수 없게 되자 몹시 낙담했다.

하지만 어느 날 저녁, 생각에 잠긴 창백한 얼굴로 머리를 베개 끝에 얹고 그 보이지 않는 아름다운 불꽃 쪽으로 끊임없이 눈길을 주고 있을 때, 연인이 다가왔다. 그리고 침대 위에 있던 거울을 집어들었다.

"내 귀여운 아가씨, 불이 보고 싶다고 했지? 잠깐 기다려요."

연인은 난로 앞에 꿇어앉아 그 거울로 신비한 불꽃을 반사시켜 비추어 주려고 했다.

"보이지?"

"아뇨, 아무것도 보이지 않아요."

"이번엔?"

"아뇨, 아직도 보이지 않아요."

그러다가 갑자기 얼굴 가득 에워싸는 빛을 받고는 '아아, 보여요!' 하고 백인 소녀는 기쁨에 겨운 듯 말했다.

그리고 눈동자 속에 두 개의 작은 불꽃을 태우면서 그녀는 미소를 띤 채 죽어 갔다.

스강 씨네 새끼산양

늘 궁핍한 처지에서 벗어날 길이 없군. 안 그런가, 그랭그와르?

도대체 어떻게 된 일인가? 누군가 파리 대신문사의 기자 자리를 만들어 주겠다는데도 그것을 완강히 거절하다니……. 자신의 꼴을 좀 돌아봐. 가엾지 않은가?

그 구멍 뚫린 상의에 찢어진 바지, 배고픔을 호소하는 비쩍 마른 그 얼굴을 좀 보란 말이야. 그래도 자네는 부끄럽지 않은가?

기자가 되면, 장미 무늬가 찍힌 반짝이는 은화가 잔뜩 들어올 것이고, 브레방(당시 파리 몽마르트 거리의 유명한 요리집)의 단골 손님이 될 것이며, 연극 첫날에는 모자에 새 깃털을 꽂고 여유 있게 나갈 수도 있게 될 걸세.

싫다고? 그렇게 되고 싶지 않다는 말인가? 끝까지 자기 고집대로 살아가고 싶다는 말이지. 뭐, 그렇다면 좋아. 잠시 나의 '스강 씨네 새끼산양' 이야기라도 좀 들어 보게. 제멋대로 살아가다 보면 결국 어떤 지경에 빠지게 되는지를 알게 될 테니까.

스강 씨는 산양을 치는 데 있어서 운이 좋았던 적이 한번도 없었던 사람이야.

모두 똑같은 방법으로 잃어버렸지. 산양은 언제나 모르는 사이에 줄을 끊고 산 속으로 도망쳐 버리는 것이었어. 그리고 산에서는 늑대가 그들을 잡아먹었지.

스강 씨가 아무리 귀여워해 주어도, 늑대가 아무리 무서워도 산양들을 잡아 둘 수는 없었어. 생각건대 그들은 모든 것을 걸고서라도 신선한 대기와 자유를 추구하는 독립심 강한 산양들이었던 것 같아.

하지만 산양의 본성을 잘 몰랐던 우리의 사람 좋은 스강 씨는 낙심천만이었지——틀렸어. 산양은 우리 집이 지겹고 권태로운 거야. 이젠 한 마리도 키우지 않을 테다!

그러나 그것은 말뿐이었고, 희망은 버리지 못했던 걸세. 결국 그런 식으로 여섯 마리의 산양을 잃어버린 후, 일곱 마리째의 산양을 사들였어. 특히 이번엔 각별히 신경을 써서 집에 얌전히 붙어 있을 만한 어린 놈을 골랐지.

이것 보게, 그랭그와르. 스강 씨의 새끼산양은 실로 귀여운 놈이었네! 그 순하고 상냥한 눈이며 하사관 같은 턱수염, 새까맣고 윤기가 흐르는 발굽, 줄무늬가 들어간 뿔, 게다가 온몸을 뒤덮고 있는 그 길고 새하얀 털……. 그 아름다움은 마치 에스메랄다(위고의 소설 〈노트르담의 꼽추〉에 나오는 미인. 항상 황금뿔을 지닌 산양을 데리고 다녔다.)의 새끼산양을 연상시킬 정도였지! 알겠지, 그랭그와르? 실로 그것과 똑같다고 할 수 있는 사랑스러운 산양이었어——게다가 온순하고 길이 잘 들어서, 그릇 속에 발을 들이민다든가 하는 일도 없이 가만히 서서 젖을 짜게 하는 정말 귀여운 산양이었다네.

스강 씨는 집 뒤에 산사나무가 둘러쳐진 밭을 갖고 있었지. 그가 새로 사온 녀석을 놓아 둔 곳도 바로 그 곳일세. 그는 목초지의 가장 아름답고 좋은 장소에 말뚝을 박고, 줄이 너무 짧지 않도록 유의하여 산양을 매어 두었네. 그리고 가끔씩 산양이 아무 탈 없이 잘 자라는가 보러 왔었지. 스강 씨는 몹시 만족스러운 듯 맛있게 풀을 뜯는 산양을 보고 뛸 듯이 기뻐했다네. 이거 정말 잘됐군. 드디어 우리 집을 싫어하지 않는 녀석을 찾아 냈어!

하지만 스강 씨는 잘못 생각하고 있었던 거야. 산양은 지루해서 견딜 수가 없었거든.

어느 날, 멍하니 산을 바라보면서 산양은 이렇게 생각했어. 저 높은 곳은 얼마나 좋은 곳일까? 이렇게 내 목을 죄는 밧줄도 없이 히스가 무성한 숲 속으로 마음껏 뛰어다닌다면 얼마나 좋을까! 울타리 친 풀밭에서 풀을 뜯는 것은 당나귀나 소한테 제격이야! 나 같은 산양에게는 드넓은 장소가 필요해!

그 이후로 울타리 안에 있는 목초지의 풀은 아무런 맛도 향기도 느낄 수 없게 되고 말았다네. 그야말로 산양은 지겨워졌던 거야. 날이 갈수록 야위고 젖줄도 말라 갔어. 오로지 산을 바라보면서 콧구멍을 크게 벌름거렸고, 매우 슬픈 음성으로 '매애…….' 하고 울면서 온종일 밧줄을 잡아당기고 있는 그 모습은 보기에도 딱했지.

스강 씨는 산양의 변화를 충분히 깨닫고 있었어. 하지만 왜 그러는지는 분명히 알지 못했어.

어느 날 아침, 젖을 다 짜갈 때쯤 산양은 스강 씨를 돌아보면서 산양의 말로 이야기했다네.

"저, 제 말 좀 들어 주세요, 스강 씨. 전 여기에 있다가는 말라 죽을 것 같아요. 산 속으로 가게 해 주세요."

"아아, 맙소사! 이 녀석 역시!"

스강 씨는 깜짝 놀랐고, 그 바람에 들고 있던 그릇을 떨어뜨려 버렸어. 그리고 나서 산양과 나란히 풀밭에 앉아 말했지.

"왜 그러는 거냐, 브랑켓? 너는 우리 집에서 나가고 싶다는 말이냐?"

그러자 브랑켓이 대답했어.

"네, 스강 씨."

"이 곳의 풀이 모자라는 거냐?"

"아니에요! 그게 아니에요!"

"밧줄이 너무 짧은가 보구나. 밧줄을 늘여 줄까?"

"그런 건 아무것도 아니에요, 스강 씨."

"그럼 뭐가 불만이냐? 뭘 원하는 거야?"

"산 속으로 가고 싶어요, 스강 씨."

"정말 속 썩이는 녀석이로구나. 넌 산 속에 늑대가 있다는 걸 모르니? 만약 늑대가 나타나면 어떻게 할 거야?"

"뿔로 받아 버리겠어요, 스강 씨."

"늑대는 네 뿔 같은 건 조금도 무서워하지 않아. 그놈은 너보다 훨씬 힘센 뿔을 가진 어미산양들을 몇 마리나 잡아먹었단다. 작년에 이 곳에 있던 그 가엾은 루노드 할머니를 너도 잘 알겠지? 마치 수놈처럼 힘세고 고집불통이었던 그 산양 할머니 말이다. 루노드 할머니는 밤새도록 늑대와 싸웠지. 그리고 아침이 되었을 때, 늑대에게 잡아먹힌 거야."

"세상에, 가엾은 루노드 할머니! 하지만 전 괜찮아요, 스강 씨. 산으로 보내 주세요."

"아아, 정말 할 수 없는 녀석이로구나! 도대체 우리 집 산양들은 왜들 이런다지! 또다시 늑대에게 잡아먹히겠다니……. 좋아, 네가 뭐라고 하든 난 널 살려야겠다. 이 말괄량이 아가씨야! 자, 줄을 끊으면 큰일이니까 헛간에 가두어야지. 알겠니? 넌 언제까지나 거기에 있어야만 해."

그렇게 말한 스강 씨는 산양을 어두운 외양간으로 끌고 가서 문을 이

중으로 걸어 잠그고 말았다네. 하지만 창문 닫는 걸 깜빡 잊었지 뭔가?
새끼산양은 스강 씨가 돌아서자마자 냅다 도망치고 말았어.

　그랭그와르, 자네는 웃고 있겠지. 그렇다 해도 난 알고 있어! 자네는
이 친절한 스강 씨에게 반기를 들고 산양 편을 들고 있다는 걸 말일세.
그러나 언제까지 웃을 수 있는지 이제 두고 보게나.

　산에 도착한 흰 산양을 보고 온 산은 황홀해했지. 늙은 전나무도 그
때까지 그토록 예쁜 산양을 본 적이 없었어. 산양은 마치 어린 왕녀처
럼 환영을 받았던 것일세. 밤나무는 가지 끝으로 흰 산양을 쓰다듬어
주려고 땅 위까지 몸을 숙였어.

　황금빛 금작화는 그 지나는 길마다 꽃을 피워 기분 좋은 향기로 산양
을 맞이했지. 아무튼 산에 있는 모든 것들이 이렇듯 산양을 환대했던
거야.

그랭그와르, 우리의 흰 산양이 얼마나 기뻐했을 것인지는 자네도 잘 알 걸세. 밧줄도 말뚝도 없는데다 마음껏 뛰어다니면서 풀을 뜯어도 방해가 될 것은 아무것도 없었으니까……

바로 여기였지. 풀이 많은 곳은 말일세! 뿔까지 닿을 만큼 크게 자란 풀들이 무성했지. 이보게! 더구나 그 풀로 말할 것 같으면 향기로운 것, 연한 것, 가장자리가 들쭉날쭉한 것 등 그야말로 수없이 종류가 많았지. 밭의 풀과는 전혀 질이 달랐던 거야. 그리고 그 꽃들……. 빨갛고 큼지막한 꽃송이, 취해 버릴 듯한 꽃즙으로 넘치는 야생화가 온 산 가득 피어 있었어.

우리의 흰 산양은 반쯤 도취된 심정으로 그 속에 누워 뒹굴기도 하고, 낙엽이나 밤과 뒤섞여 언덕을 굴러내려오기도 했다네.

그러다가 별안간 뛰어 일어났지. 자, 가자! 산양은 달리기 시작한 걸세. 머리를 앞으로 내밀고 덤불을 빠져 나가 회양목 숲을 달려나갔어. 어느 때는 험한 봉우리 위로, 또 어느 때는 계곡 아래로, 높은 곳이든 낮은 곳이든 가리지 않았다네. 마치 산 속에는 열 마리나 되는 스강 씨네 산양이 있는 것처럼 보였어.

브랑켓은 이제 두려울 것이 없었지.

맑은 물이 흐르는 물보라를 튀기기도 했으며, 물방울을 뚝뚝 떨구면서 평평한 바위 위로 올라가 편안히 누워 햇볕에 그 젖은 털을 말리기도 했어.

그러다가 한번은 금작화 한 송이를 입에 물고 산마루로 나갔다가 아득한 저 아래의 평야 속에 있는, 뒤꼍에 작은 밭이 있는 그 스강 씨네 집을 발견하게 된 거야. 눈물이 나올 만큼 우스운 일이었겠지.

'어쩌면 저렇게 작을까! 내가 어떻게 저 속에 틀어박혀 살 수가 있었을까?'

참으로 딱한 산양이 아니고 뭐겠나? 다소 높은 곳에 서 있다고 해서 자신을 세상과 똑같이 위대하게 생각했으니…….

어쨌든 그 날은 스강 씨네 산양에게 대단히 기쁜 날이었다네. 점심 때가 되자, 여기저기 돌아다니던 산양은 산포도를 씹어먹고 있는 영양의 무리와 만나게 되었지. 순백의 드레스 차림인 우리의 산양은 그들의 시선을 끌기에 충분했어.

그 영양 신사들은 산양에게 산포도가 가장 잘 자라는 장소를 알려 주었고, 또 친절히 대해 주었어.

뿐만 아니었지. 이건 자네와 나 사이의 이야기지만, 한 마리의 검은 영양은 운좋게도 브랑켓의 마음에 들었던 모양일세. 연인 사이가 된 둘은 한두 시간 동안 숲 속으로 돌아다녔지. 만약 그들이 나누었던 밀어를 듣고 싶다면, 이끼 밑을 남몰래 흐르는 그 수다쟁이 맑은 시냇물에게 물어 보게나.

그런데 즐겁게 놀다 보니, 갑자기 바람이 차가워졌네. 온 산이 보라색으로 물드는 저녁때가 된 거야.

'벌써!'

새끼산양은 깜짝 놀라 그 자리에 멈추어 서고 말았어.

아래를 내려다보자, 평원은 안개 속에 묻혀 있었네. 스강 씨네 밭은 안개 속에 숨었고, 그 자그마한 집에서 보이는 것이라곤 오직 가느다란 연기가 피어오르는 굴뚝뿐이었지. 집으로 돌아가는 양 떼의 방울 소리에 귀를 기울이고 있으려니까, 가슴 가득 외로움이 퍼져 왔어. 보금자리로 바삐 날아가는 한 마리의 매가 산양을 스치면서 지나갔다네.

순간, 우리의 새끼산양은 몸서리를 쳤지. 그 때 산 속에서 무시무시한 울음소리가 들려왔지 뭔가.

'워! 워!'

그제야 산양은 늑대 생각이 떠올랐다네. 온종일 마음이 들떠서 그 일은 염두에도 없었던 거야. 때를 같이해서 아득히 먼 골짜기로부터 나팔 소리가 울려 왔어. 그 마음씨 착한 스강 씨가 마지막 애를 쓰고 있는 중이었지.

  '워! 워!'

  늑대가 울부짖었어.

  '돌아와! 돌아와!'

  나팔 소리도 울려 퍼졌지.

  브랑켓은 돌아가고 싶어졌다네. 하지만 그 말뚝과 밧줄과 밭의 울타리를 생각하면 이제 다시는 그런 생활을 참을 수가 없을 것 같았어. 오히려 그보다는 이 곳에 있는 편이 낫겠다고 생각한 거지.

  이제 나팔 소리는 울리지 않았어.

  산양은 바로 뒤에서 바스락거리는 낙엽 소리를 들었지. 돌아보는 그 눈에 비친 것은 바짝 세운 두 귀와 번쩍거리는 두 눈이었지——그것은 늑대였어.

  꼼짝도 하지 않고 뒷발로 앉은 커다란 늑대는 이 어린 산양을 지켜보면서 참으로 맛있겠다는 듯 먹기도 전에 군침을 삼켰다네. 오갈 데 없이 제 먹이가 될 것을 잘 알고 있었으므로 늑대는 서두르지 않았어. 단지 산양이 뒤돌아볼 때 심술 사나운 웃음을 흘렸을 뿐……

  "오! 스강 씨네 산양 아가씨로군 그래!"

  그러면서 늑대는 크고 새빨간 혀를 날름거리면서 징그러운 입술을 핥았다네.

  브랑켓은 이제 틀렸다고 생각했지. 밤새도록 싸우다가 아침이 되어 잡아먹혔다는 루노드 할머니의 이야기를 떠올리자, 순간 얌전히 잡아먹히는 편이 좋지 않을까 하는 생각도 들었어. 그러나 곧 생각을 바꾸어,

마치 자신도 스강 씨네 집의 용맹스런 산양이라는 듯 머리를 낮추어 뿔을 겨누고는 덤비면 들이받겠다는 태세를 취했지. 그렇다고 늑대를 죽이는 데 목적을 두었던 것은 결코 아닐세. 산양은 아무리 날쌔도 늑대를 죽일 수는 없다네. 단지 루노드 할머니만큼 오래 버틸 수 있는지 없는지, 그걸 시험해 보고 싶었던 것이지.

드디어 괴물이 다가왔네. 그러자 귀여운 뿔도 춤추기 시작했지.

아아, 우리의 갸륵한 새끼산양! 얼마나 충실하게 맞서 싸웠는지 몰라! 늑대는 열 번 이상이나 숨을 돌리기 위해 후퇴를 해야만 했으니까. 정말일세, 그랭그와르. 잠시 동안의 휴전 사이에도 우리의 미식가 새끼산양은 재빠른 동작으로 좋아하는 풀을 뜯어 입 안 가득 넣고 다시금 전투 태세를 갖추었어. 이 싸움은 밤새도록 계속되었지. 가끔 스강 씨네 새끼산양은 맑은 하늘에 춤추는 별을 올려다보면서 생각했다네.

'아아, 새벽까지만 버틸 수 있다면……'

한 개, 또 한 개, 별은 사라져 갔어. 브랑켓은 끊임없이 뿔을 휘둘렀고, 늑대는 드디어 어금니를 날카롭게 세웠다네. 한 줄기의 희뿌연 광선이 지평선에 번뜩였고, 밭에서는 수탉 한 마리가 목쉰 소리로 새벽을 알리고 있었지.

"아아, 드디어!"

숨을 거두기 위해 애타게 새벽만을 기다렸던 가련한 산양은 그렇게 말했지. 그리고 아름답고 하얀 털을 붉은 피로 물들이면서 땅 위에 쓰러지고 말았어.

늑대는 새끼산양에게 달려들어 그의 몸을 뜯기 시작했다네.

잘 있게나, 그랭그와르!

번거롭게 들려준 이 이야기는 내가 만든 것이 아닐세. 만일 자네가 프로방스에 올 기회가 있다면, 이 곳 농민들은 자주 '스강 씨네 산양' 이야기를 들려줄 걸세.

"그 새끼산양은 밤새도록 늑대와 싸웠지만, 날이 밝자 늑대는 새끼산
양을 잡아먹어 버렸답니다."

알겠는가, 그랭그와르?

"날이 밝자 늑대는 새끼산양을 잡아먹어 버렸답니다."

상기네르의 등대

어젯밤은 잠을 이룰 수가 없었다. 거센 폭풍이 휘몰아치는 소리 때문에 새벽까지 뜬눈으로 지새우고 말았다. 부서진 풍차 날개가 강풍에 비명을 지르는 배의 돛폭처럼 소리를 내며 무겁게 요동쳤고, 풍차 방앗간 전체가 삐걱거렸던 것이다. 기왓장은 지붕에서 뿔뿔이 날아갔다. 저 멀리 언덕을 뒤덮은 소나무 밀림은 어둠 속에서 눈뜨며 울부짖었다. 마치 바다의 한가운데에 떠 있는 듯한 기분이었다.

나는 3년 전 그 코르시카 연안의 아작시오 만 입구에 있는 상기네르의 등대에서 겪었던 잠 못 이루는 밤들을 회상했다.

그 곳 역시 내가 몽상과 고독을 즐기기 위해 찾아 냈던 쾌적한 은신처였다.

붉은 기가 감도는 하나의 살풍경한 섬을 상상해 보라. 한모퉁이에는 등대, 또 다른 끝에는 제노아풍의 오래 된 탑 하나, 그 곳에는 내가 있었던 당시 독수리 한 마리가 살고 있었다.

그 밑의 해변가에는 온통 잡초로 뒤덮인 황폐한 격리소와 빗물에 팬 자그마한 웅덩이, 밀림, 커다란 바위, 그리고 야생 염소나 바람결에 갈기를 나부끼며 뛰어다니던 코르시카 조랑말 따위가 있었고, 하늘 높이 바다새들이 어지럽게 날아다니는 섬의 꼭대기에는 등대지기의 집이 자리잡고 있었다.

등대지기가 마음대로 돌아다니던 하얀 석조 테라스, 고딕 양식의 초록색 대문, 주철로 만든 자그마한 탑, 그 탑 위에는 낮에도 햇빛을 받아 빛나던 커다란 팔각 램프가 있었다. 이것이 내가 어젯밤 언덕의 소나무 숲이 바람에 울부짖는 소리를 들으면서 떠올린 상기네르 섬이다. 내가 풍차 방앗간을 사들이기 전, 신선한 대기와 고독이 그리워져 가끔씩 찾아가 틀어박혀 있던 곳이 바로 이 감미로운 섬이다.

나는 바람이 그다지 심하지 않을 때는 갈매기나 티티새, 제비들을 벗 삼아 파도가 닿을 듯 말 듯 밀려오는 두 개의 바위 사이에 앉아 있곤 했다. 그렇게 바다를 바라봄으로써 모든 것을 잊고, 온몸이 나른해지는 감각에 사로잡혀 종일토록 그 자리를 떠나지 않았던 것이다.

내 몸은 바닷물로 날아드는 갈매기, 햇빛을 받으며 파도 위를 떠다니는 물거품, 아득한 저곳으로 달려가는 우편선의 흰 연기, 그리고 붉은 돛을 단 산호선이 된다. 파도의 물거품으로 부서지고, 저 구름의 한 조각으로 흘러간다.

바람이 부는 날이면 해변에 나갈 수 없었으므로, 격리소의 안뜰에 틀어박혀 지냈다. 만년초와 야생쑥 냄새가 감도는 작고 을씨년스러운 뜰이었다.

이따금 무엇인가 대문을 두들기고 풀밭을 가볍게 뛰어다녔다. 그것은 바람을 피해 풀을 뜯으러 오는 한 마리의 야생 염소였다. 그놈은 나를 보자 멈칫 놀라며 멈추어 섰다. 그리고 발밑에 뿌리박힌 듯 가만히 내 눈앞에 서 있었다. 생기에 넘치는 뿔을 높이 쳐들고 그 순진한 눈으로 나를 바라보면서⋯⋯.

다섯 시쯤이 되면 등대지기의 메가폰이 저녁 식사를 하라고 나를 불렀다. 나는 가파른 경사면 아래로 바다가 내려다보이는 무성한 숲길을 천천히 따라 걸었다. 그렇게 걸을 때마다 드넓게 펼쳐지는 빛과 물의 무한한 수평선을 뒤돌아보면서 등대를 향해 돌아왔다.

언덕 위는 아름다웠다. 커다란 돌길을 깔고 떡갈나무로 벽을 댄 아담하고 조촐한 식당, 그 한가운데서는 부야베스(프랑스 요리의 한 가지)가 김을 피워올리고 있었고, 하얀 테라스 쪽으로 활짝 열린 문을 통해 쏟아져 들어오던 저녁놀을 지금도 잊을 수가 없다.

나를 기다리고 있던 등대지기들이 하나 둘 식탁에 앉는다. 모두 세 명인데, 한 명은 마르세유 사람, 두 명은 코르시카 사람이었다. 세 사람 다 키가 작고 수염이 텁수룩했으며, 주름진 얼굴은 햇볕에 타서 거칠었고, 똑같이 염소 가죽으로 만든 두건 달린 외투를 입고 있었지만, 성격이나 말씨는 전혀 딴판이었다.

그들의 생활 태도를 보면, 이 두 지방 사람의 차이를 금방 알 수가 있다. 마르세유 사람은 부지런하고 활달했으며, 늘 바쁘게 움직였다. 아침부터 밤까지 온 섬을 뛰어다니며, 밭을 매기도 하고 낚시를 하기도 하고 숲 속에 숨었다가 지나가는 염소를 잡아 젖을 짜기도 했다. 덕분에 늘 아이올리(프랑스 요리의 한 가지)나 부야베스가 떨어지는 날이 없었다.

반면 코르시카 사람들은 정해진 근무 이외에는 어떠한 일도 하지 않았다. 그들은 자신들이 관리라는 생각에 종일토록 부엌에 틀어박혀 끝없이 스코파 게임에만 열을 올렸다. 휴식이라면 고작해야 거만한 자세로 파이프에 불을 붙인다든가, 커다란 녹연초 잎을 손바닥에 놓고 가위로 자를 때뿐이었다.

그러나 마르세유 사람도 코르시카 사람도 모두 단순하고 소박한 성격으로, 그들의 손님인 나한테는 극진한 친절을 베풀어 주었다. 사실 그들의 눈에는 내가 얼마나 괴상하게 비쳤겠는가.

생각해 보라. 심심풀이삼아 등대에 처박혀 있다니! 등대지기에게 있어서 하루는 천 년과 같고, 육지로 갈 순서가 되면 그렇게도 좋아했으니 말이다. 날씨가 좋은 계절에는 이 기쁨이 매달 돌아왔다. 등대 근무 30일에 육지 근무가 열흘이란 것이 규칙이었다.

하지만 겨울이나 날씨가 나쁠 때는 규칙이고 뭐고 지켜지지 않았다. 바람이 거세고 파도가 성을 내어 상기네르의 섬들이 하얀 물거품으로 뒤덮이게 되면, 등대지기들은 2, 3개월씩 갇혀서 때로는 공포의 밤과 낮을 보내야만 했다.

"내가 겪었던 일을 이야기해 드리리다."

어느 날 밤, 모두 식사를 하고 있을 때 바르톨리 영감이 말을 꺼냈다.

5년 전이었지요. 이렇게 우리가 둘러앉은 이 테이블에서였어요. 그 날도 오늘처럼 차가운 겨울 밤이었답니다. 등대에는 나와 체코라는 동료, 그렇게 두 사람뿐이었죠. 다른 동료들은 아프다느니, 휴가라느니 하면서 육지로 나가 있었고요. 우리들이 막 저녁 식사를 마치려고 할 때였습니다.

갑자기 그 친구가 식사를 하다 말고, 아주 잠시 동안이었지만 묘한 눈초리로 나를 바라보는 것이었어요. 그러다가 팔을 앞으로 뻗은 채, 털썩 하고 테이블 위로 엎어지는 게 아니겠습니까! 나는 얼른 다가가 그 친구를 잡아 흔들면서 이름을 불렀습니다.

'어이, 이 사람아! 체코!'

대답이 없더군요. 이미 죽었던 겁니다.

내가 얼마나 당황했는지는 상상이 가고도 남으실 겁니다. 나는 한 시간 가량이나 시체를 앞에 둔 채 떨고 있었어요. 그러다가 돌연 등대 생각이 나더군요. 즉각 램프실로 올라가 불을 켰습니다. 이미 날이 저문

후였지요.

얼마나 끔찍한 밤이었겠어요? 파도 소리도 바람 소리도 그냥 들리는 게 아니었어요. 누군가 계단에서 나를 자꾸 부르는 것만 같았습니다. 게다가 열이 오르고 갈증 때문에 목이 타는 듯했어요. 하지만 내가 내려갈 수 있었겠습니까? 너무 무서워서 도저히 그럴 수 없었습니다.

그래도 새벽녘이 되니까 약간 용기가 생기더군요. 나는 동료를 끌어다 침대에 뉘고 이불을 덮어 준 후에 잠시 기도를 올렸습니다. 그리고 곧장 위급 신호를 보냈습니다.

공교롭게도 바다는 너무나 험악해서 아무도 와 주지 않았답니다. 그래서 나는 그 가엾은 체코와 단둘이 등대를 지켰습니다. 언제까지였는지 모릅니다. 그 친구를 배가 올 때까지 곁에 두고 싶었지만, 3일이 지나가니 그럴 수도 없었지요…….

어떻게 할까, 밖으로 내다놓을까, 땅에 묻을까. 하지만 이런 궁리도 소용이 없었지요. 바위는 너무 단단했고, 섬에는 까마귀가 우글거렸으니까요. 죽은 자를 까마귀밥이 되게 해서는 너무 가엾은 일이지요. 그래서 격리소의 한 방으로 메고 내려가기로 마음 먹었습니다.

이 슬프고도 고된 작업이 오후 시간을 다 잡아먹었답니다. 게다가 용기도 필요했어요. 그래서 지금도 바람이 몹시 부는 날 오후에 섬의 저쪽 길을 내려가다 보면, 죽은 자를 어깨에 메고 있는 것 같은 기분이 든답니다.

오, 불쌍한 바르톨리 영감! 그 일을 회상하는 것만으로도 이마에 땀을 흘리고 있으니…….

식사는 이처럼 긴 이야기 속에 진행되었다. 등대에 대해서, 또 바다에 대해서, 난파선이라든가 코르시카 산적에 대해서도 이야기가 오고갔다.

이윽고 해가 떨어지자, 첫 번째 당번은 자그마한 램프를 켜고 파이프와 물통, 또 상기네르 섬에 있는 단 한 권의 책인 붉은 테두리의 큼지막한 《플루타르크 영웅전》을 들고 방 안에서 모습을 감추었다.

잠시 후, 쇠사슬과 도르래, 시계의 커다란 태엽을 감는 소리가 등대 안에 울려 퍼졌다.

그 동안 나는 테라스로 나가 앉았다. 이미 기울어진 태양은 수평선 전체를 뒤로 잡아당기면서 차츰 속도를 빨리해 바다로 떨어져 갔다. 바람은 차고 섬은 보랏빛으로 물든다. 머리 위의 하늘을 한 마리의 커다란 새가 둔탁한 날갯소리를 내며 날아갔다. 제노아풍의 탑으로 돌아가는 독수리였다. 점차 바다에는 안개가 피어올랐다. 마침내 섬 주위를 때리는 파도의 하얀 물거품밖에는 아무것도 보이지 않게 되었다.

그 때 내 머리 위에서 부드러운 빛줄기가 내뿜어졌다. 등대가 켜진 것이다. 그 밝은 빛은 섬 전체를 암흑 속에 남기고 저 멀리 바다 한복판으로 멀어져 갔다.

그렇게 나를 스쳐 가면서 쏟아져 내리는 빛의 물결 밑에서 나는 밤의 장막에 의해 에워싸여 있었다.

바람은 점차 차가워졌다. 이제 돌아가야 한다. 나는 더듬어 문을 닫고 단단히 쇠빗장을 건 다음, 계속 손으로 더듬으면서 발밑에서 가볍게 흔들리는 좁다란 주철 계단을 올라 등대 위에 이르렀다. 그런데 바로 그곳이야말로 광명 천지였다.

여섯 개나 되는 거대한 카르셀 램프를 상상해 보라. 그 주위를 천천히 도는 등대실 벽에는 커다란 수정 렌즈가 박혀 있었고, 나머지 부분은 불꽃이 바람에 꺼지지 않도록 고정시킨 유리벽을 향해 열려 있었다.

안으로 들어간 나는 현기증을 느꼈다. 구리와 주석, 그 합금 반사경,

커다란 푸른 원을 그리며 도는 수정 렌즈 벽, 반짝거리는 반사광과 램프의 심지 타는 소리에 나는 잠시 동안 눈을 뜰 수조차 없었다.

하지만 눈은 점차 빛에 익숙해졌다. 나는 등불 바로 밑으로 가서, 잠을 쫓기 위해 큰 소리로 《플루타르크 영웅전》을 읽고 있는 등대지기 곁에 앉았다.

밖은 어둠과 깊은 바다로 둘러싸인 채, 바람은 유리벽 주위를 도는 좁은 망루에서 미친 듯이 소용돌이쳤다.

등대는 삐걱거렸고 바다는 울부짖었다. 섬 끝의 암초에 부딪히는 파도 소리가 뇌성처럼 울려 왔다. 때때로 보이지 않는 손이 유리창을 두들겼다. 등대 불에 이끌려 와 유리창에 머리를 부딪히는 밤새들이다. 밝고도 따스한 등대 안에는 오로지 불꽃 튀기는 소리, 기름방울 떨어지는 소리, 사슬 풀리는 소리, 그리고 데미트리우스 드 파레르(그리스의 정치가)의 생애를 읽는 단조로운 목소리만 울리고 있었다.

자정이 되자 등대지기는 자리에서 일어나 마지막으로 등불의 심지를 살폈다. 우리는 아래로 내려갔다. 계단 중앙에서 눈을 비비며 올라오는 두 번째 당번과 만났다. 그에게 물통과 《플루타르크 영웅전》을 건네주고……

잠자리에 들기 전, 우리는 잠시 쇠사슬과 태엽, 주석을 넣은 그릇, 또 밧줄 등을 넣어 두는 구석방으로 들어갔다. 그 곳에서 등대지기는 들고 온 자그마한 램프를 비추어 가며, 늘 펼쳐져 있는 커다란 등대 일지를 기록했다.

'새벽 0시, 거센 풍랑, 폭풍, 먼 바다에 배.'

세미앙트 호의 최후

　지난밤의 거센 북풍은 우리들을 코르시카 해안으로 밀어다 주었다. 오늘은 이 곳의 어부들이 종종 밤을 지새워 가면서 이야기하는 무시무시한 바다 이야기를 해 보겠다. 나 역시 우연히 듣고 나서 몹시 괴이하다고 생각했으니까.

　지금으로부터 2, 3년 전의 일이다.
　나는 7, 8명의 세관 선원들과 함께 사르데냐 해안을 항해하고 있었다. 그것은 익숙지 않은 사람에게는 고된 여행이었다. 3월 한 달 내내 날씨가 좋은 날은 하루도 없었고, 동풍은 뒤로부터 미친 듯이 불어와 바다의 노여움은 좀처럼 풀릴 줄 몰랐다.
　어느 날 저녁, 우리는 폭풍을 피해 보니파시오 해협 입구의 섬 쪽으로 배를 피신시켰다. 주위의 경관은 실로 보잘것없었다. 민대머리 바위섬은 온통 새 떼로 뒤덮였으며, 쑥이나 유향수가 우거진 풀숲에다가 이곳 저곳 진흙 구덩이 속에서 썩어 가고 있는 나뭇가지뿐이었다. 그러나 갑판이 반이나 떨어져 나가 제멋대로 파도가 들락거리는 낡은 배의 선실보다 이 초라한 바위섬이 밤을 지새우기에는 다소 나을 것 같아서, 모두 얌전하게 참아 보기로 했다.
　배에서 내리자마자 선원들이 부야베스를 끓이려고 불을 지피는 동안,

선장은 나를 불러 안개 속에 묻혀 있는 섬 끝의 하얀 돌로 된 울타리를 가리켜 보였다.

"저기 보이는 묘지에 가 보시지 않겠습니까?"

"묘지라뇨, 리오네티 선장님? 그런데 여긴 어딘가요?"

"라베티 제도랍니다. 이 곳에 '세미앙트 호'의 선원 6백 명이 잠들어 있지요. 바로 10년 전, 이 부근에서 이등 전함이 파선되었어요. 참으로 안된 일입니다. 묘지를 찾아오는 사람도 좀체로 없던 차에 마침 우리들이 왔으니 잠깐 들러 보도록 하지요."

"네, 좋습니다."

'세미앙트 호'의 묘지는 너무도 슬픈 곳이었다. 지금도 눈에 보이는 듯 선하다. 낮고 작은 울타리, 녹이 슬어 열기 힘든 철대문, 썰렁한 예배당, 잡초로 뒤덮인 수많은 검은 십자가……. 그 곳에는 국화꽃 화환도 기념비 하나도 없었다.

아, 아무도 돌보아 주지 않는 가련한 영혼들이여! 그 연고 없는 무덤 속은 얼마나 추울까!

우리들은 잠시 그 곳에서 무릎을 꿇었다. 선장은 소리를 내어 기도했다. 유일한 묘지기인 커다란 갈매기가 우리 두 사람의 머리 위를 날면서 목쉰 음성으로 바다의 탄식에 화답하고 있었다.

기도가 끝나자 우리는 배가 매어져 있는 섬 끝으로 쓸쓸히 돌아왔다.

우리가 없는 동안 선원들은 시간을 헛되이 보내지 않았다. 바위 그늘에서는 장작불이 타고 있었고, 냄비에서는 김이 피어오르고 있었다. 일동은 동그랗게 둘러앉아 발을 쬐었다.

이윽고 각자의 무릎 위에 붉은 사기그릇이 놓였다. 두 조각의 검은 빵에 국물이 듬뿍 뿌려져 있었다.

식사는 조용했다. 그도 그럴 것이 옷은 젖어 있는데다 배가 고팠으며, 더군다나 가까이에는 묘지가 있었으니까.

하지만 그릇을 비운 그들은 파이프에 불을 붙이고 차츰 이야기를 꺼내기 시작했다.

이야기는 물론 '세미앙트 호'에 얽힌 것이었다.

"그런데 왜 그런 일이 일어났을까요?"

나는 양손으로 머리를 싸맨 채 감상에 젖은 눈초리로 모닥불을 바라보고 있는 선장에게 물었다.

"왜 그런 일이 일어났느냐고요?"

리오네티 선장은 깊은 한숨과 함께 입을 열었다.

"유감스럽게도 그 설명을 할 수 있는 사람은 이 세상에 아무도 없지요. 단지 알고 있는 것은 크림 반도로 향하는 군대를 태운 '세미앙트 호'가 그 전날 저녁 날씨가 험악한데도 불구하고 툴롱을 출발했다는 사실뿐입니다. 밤이 된 후에도 날씨는 험악했지요. 거세게 불어닥치는 비바람과 그 성난 파도는 그 때까지 본 적이 없을 정도로 사나운 것이었답니다. 아침이 되자, 바람은 다소 가라앉았지만, 바다는 여전히 거칠었어요. 더구나 그 지독한 놈의 안개 때문에 1미터 정도 떨어진 곳에 있는 뱃머리의 등불마저도 분간이 되질 않았답니다. 그 안개란 놈은 도저히 예측을 할 수 없게 만드는 괴물이지요. 하지만 아무리 심한 안개라도 그것뿐이라면 큰일은 나지 않습니다. 따라서 '세미앙트 호'는 그 날 아침 키를 잃어버린 것이 틀림없다고 생각합니다. 그렇지 않았다면 무엇 때문에 선장이 이 곳으로 올라왔겠습니까? 그 선장의 능력은 뛰어난 평판을 얻고 있었으니까요. 3년간 코르시카에서 정박소를 지휘했으니, 다른 것은 몰라도 그 주변의 지리라면 손바닥을 들여다보듯 상세히 알고 있었을 겁니다."

"그럼 세미앙트 호는 언제 조난당했을까요?"

"정오였겠죠. 그래요, 맞습니다. 하지만 정오라고 해도 그 지독한 안개 때문에 마치 늑대의 주둥이 안에 있는 것처럼 주위는 어두웠겠지요. 해안의 세관원이 이런 이야기를 하더군요. 그날 열한 시 반쯤, 바람 때문에 빠져 버린 문을 끼우기 위해 집을 나갔다가 모자가 바람에 날아갔답니다. 그래서 파도가 온몸을 집어삼킬 것 같은 위험을 무릅쓰고 그는 거의 기다시피 해서 해변을 따라 모자를 쫓아갔답니다. 잘 아시겠지만, 세관원이란 원래 가난하니까 모자 하나라도 소중히 다루는 법이지요. 그런데 그가 문득 고개를 들었을 때, 안개 속에서 돛을 둘둘 감은 커다란 배가 강풍에 밀려 라베티 제도 쪽으로 쏜살같이 달려가는 게 보이더랍니다. 그것도 아주 가까이에서 말이지요. 그렇게 순식간에 밀려가 버린 탓에 세관원은 배를 자세히 살필 틈이 없었겠지요. 하지만 아무리 생각해 보아도 그것은 분명히 '세미앙트 호'였다는 거예요. 그렇게 말할 수 있는 것도 그로부터 반 시간이 지나 이 섬의 양치기가 바위에서 들리는…… 아, 마침 그 양치기가 오는군요. 직접 들어 보도록 합시다. 어이, 잘 있었나, 파롱보? 이리 와서 잠시 불이라도 좀 쬐게나. 사양할 것 없네."

모자 달린 외투를 뒤집어쓴 한 사내가 머뭇거리면서 우리 쪽으로 다가왔다. 나는 아까부터 이 사내가 모닥불 주위를 어슬렁거리는 모습을 보고, 이 섬에 양치기가 있으리라곤 꿈에도 생각지 못했으므로 그저 선원 중의 한 사람이겠거니 하고 여겼었다.

그는 나이 든 문둥병 환자인데다 백치에 가까웠고, 심한 괴혈병이라도 앓았는지 크고 투박한 입술을 가진, 정말 보기만 해도 소름이 끼치는 모습을 하고 있었다. 그는 아픈 입술을 손가락으로 들어올리면서, 정말로 그날 정오 오두막에서 암벽에 부딪쳐 울리는 엄청난 소리를 들었었노라고 말했다.

하지만 온 섬이 물에 잠겨 밖으로 나갈 수 없었다는 것이다. 그래서 다음 날 아침 문을 열고 나가니, 해안가는 파도에 실려온 배의 파편과 사람들의 시체로 온통 난장판이 되어 있더라는 것이다. 겁에 질린 그는 사람들을 부르기 위해 배를 타고 보니파시오로 도망쳐 왔던 것이다.

양치기는 오랜 이야기에 지쳤는지 그 자리에 털썩 주저앉았고, 선장이 말을 이었다.

"그래요, 우리들에게 그 소식을 알리러 온 사람은 바로 이 가엾은 양치기였습니다. 너무나 무서웠던 나머지 반쯤은 미쳐 있었어요. 그리고 그 이후로 계속 제정신이 아닌 상태입니다. 당연한 일이지요. 모래사장에 찢어진 돛폭과 부서진 파편들에 뒤섞여 6백 명의 시체가 얽히고설켜 있었으니까요. 처참하고 가엾은 세미앙트 호! 바다는 그 배를 일격에 깨뜨렸던 겁니다. 양치기 파롱보가 울타리를 치기 위한 재료를 찾아 내기에도 어려웠을 만큼 배는 산산조각이 나 있었지요. 시체들 역시 손발이 무참하게 잘려나가 있었고, 형상을 알아볼 수 없었답니다. 서로 뒤죽박죽이 되어 있는 모습도 정말이지 처참했지요. 멋지게 차려 입은 선장, 목에 장식 칼라를 단 사제, 한쪽 귀퉁이의 바위틈에서는 눈을 뜨고 죽은 어린 선원이 누워 있었고요. 마치 살아 있는 사람 같았지만, 모두 그 죽음을 피할 수 없는 운명에 처해 있었던 겁니다."

선장은 잠시 말을 멈추더니 이렇게 외쳤다.

"정신 차려, 나르디! 불이 꺼지잖아!"

나르디는 광솔이 붙은 널빤지 조각을 두어 장 집어 모닥불 속에 던져 넣었다.

다시 불꽃이 일어나자 리오네티 선장은 말을 계속했다.

"이 이야기에서 가장 비참한 것은 따로 있습니다. 바로 이 재난이 일어나기 3주일 전, 크림으로 떠난 한 척의 작은 군함이 '세미앙트 호'와 같은 장소에서 조난을 당한 일이 있었답니다. 그런데 다행히도 그때는 우리들이 달려가 선원들과 함께 탄 스무 명의 병사들을 구해 낼수 있었지요. 가엾게도 그 병사들은 물에 약하더군요. 우리들은 그들을 보니파시오로 데리고 와 선원들의 숙소에서 이틀을 묵게 했습니다. 옷이 마르고 모두 기운을 되찾았을 때, 그들은 잘 있으라는 인사를 남기고 총총히 툴롱으로 돌아갔답니다. 그리고 그들은 얼마 뒤 그곳에서 새로이 크림으로 떠나는 배에 올라탔던 것인데, 그 배가 글쎄…… 다름 아닌 '세미앙트 호'였던 거예요! 우리는 그들 스무 명을 모두 시체들 틈에서 찾아냈지요. 난 콧수염이 아름다웠던 하사관을 안아 일으켰습니다. 그 금발의 파리 청년은 우리 집에 묵으면서 늘상 재미있는 얘기를 들려주어 모두를 웃기곤 했던 친구랍니다. 그 청년을 여기서 찾아냈을 때의 내 심정이란 정말 칼로 도려 내듯 아팠어요."

리오네티 선장은 파이프의 재를 떨어내고 내게 잘 자라는 말을 남겼다. 그리고 외투를 몸에 두르더니 잘 준비를 했다.

선원들도 잠시 동안은 낮은 목소리로 이야기를 계속했지만, 곧 하나 둘 파이프 담뱃불을 껐다.

이윽고 이야기 소리는 들리지 않게 되었고, 양치기는 어디론가 가 버렸다. 나는 잠든 선원들 틈에서 홀로 잠 못 이루며 공상에 잠겼다.

나는 방금 전해 들은 이야기의 참담한 인상이 지워지기 전에 갈매기들만이 목격했을 그 난파선의 고통을 마음속에서 되살려 보려고 애를 썼다.

잘 차려입은 선장이나 사제의 장식 칼라, 또 스무 명의 병사들 같은, 내 마음을 강하게 울렸던 몇 가지 사항들이 이 비극의 최후를 짐작하게 하는데 큰 도움이 되었다.

나는 툴롱에서 밤에 떠나는 군함을 머릿속에 떠올렸다. 배는 항구를 떠났으며, 바다는 거칠게 울부짖고 폭풍은 거세다. 하지만 모두 용감한 선장을 믿고 안심하고 있다.

아침이 되자 짙은 안개가 바다를 감싼다. 사람들은 불안에 쫓기기 시작한다. 승무원들은 모두 갑판에 나와 있고, 선장은 상부 갑판을 떠나지 않는다. 병사들이 타고 있는 중부 갑판은 어둡고 찌는 듯이 무덥다. 어떤 병사는 누워서 앓고 있다. 배가 무섭게 흔들리는 바람에 아무도 일어나 있을 수 없게 된다.

병사들은 바닥에 무리지어 앉은 채 의자를 붙들고 이야기를 나누고 있다. 소리치지 않으면 들리지 않으며, 그 중에는 겁에 질린 사람도 있다.

"여보게, 내 말을 좀 들어 봐. 이 해안에서는 자주 조난 사고가 일어난다는군."

병사들이 이런 이야기를 나눈다.

하지만 그들의 말은 사람들을 더욱 불안하게 만든다. 특히 병참 부대의 하사관은 늘 허풍을 떠는 파리 청년으로 짓궂은 농담을 해서 사람들에게 겁을 주곤 한다.

"조난이라! 아암, 멋지고 재미나는 일이지. 잠시 찬물에 빠졌다가 나오는 것뿐이라고. 그런 다음에는 보니파시오로 끌려가, 리오네티 선장 댁에서 티티새 고기를 실컷 먹는 행운을 만나는 거야!"

병사들이 웃는다.

갑자기 삐그덕거리는 소리.

"뭐야, 무슨 일이지?"

"키가 떨어져 나갔다!"

바닷물에 흠뻑 젖은 선원이 갑판을 뛰어다니면서 고래고래 소리친다.

"키여, 안녕히! 부디 잘 있게나!"

농담에 열이 오른 하사관은 계속 외쳐 댄다.

그러나 이제 아무도 웃지 않는다. 갑판에서는 대소동이 벌어지고 있다. 안개 때문에 서로의 얼굴도 분간할 수가 없다. 공포에 질린 선원들은 갑판 위를 더듬고……. 그저 배가 흔들리는 대로 왔다갔다하고 있을 뿐이다. 키는 이미 없어졌다! 배를 조종할 수 없는 상태이다!

'세미앙트 호'는 항로를 벗어난 채 바람처럼 달린다. 세관원이 배를 발견한 것은 바로 이 때다. 열한 시 반이다. 뱃머리에서 대포 소리처럼 엄청난 소리가 들린다. 암초다! 이제 모든 것이 끝이다! 배는 곧장 암벽으로 향하고……. 선장은 선실로 내려온다. 잠시 후, 그는 다시 상부 갑판의 자기 자리로 돌아온다, 성장을 한 채. 마지막을 의연하게 장식하고 싶은 것이다.

중부 갑판에서는 불안에 떠는 병사들이 말없이 서로의 얼굴을 바라보고 있다. 환자는 몸을 일으키려고 안간힘을 쓴다. 젊은 하사관도 이제는 웃지 않는다. 그 때 문이 열리고 장식 칼라를 한 사제가 모습을 나타낸다.

"여러분, 무릎 꿇고 기도합시다!"

일동은 그 말에 따른다. 사제는 엄숙한 음성으로 임종의 기도를 시작한다.

갑자기 무엇엔가 부딪히는 무시무시한 소리와 함께 여기저기서 살려달라고 울부짖는 소리가 들린다. 팔을 내뻗고, 그 손을 마주 잡고…….

오오!

이리하여 나는 애처로운 배의 영혼을 10년 전으로부터 불러오며 공상으로 하룻밤을 지새웠다.

퀴퀴냥의 주임 신부

　해마다 성모제가 열리면 프로방스의 시인들은 아비뇽에서 아름다운
시와 재미있는 이야기들로 가득 찬 작은 책자를 발간하는데, 올해 낸
책이 조금 전 내 손에 들어왔다. 그런데 거기서 아주 기분 좋고 재미있
는 이야기를 읽었기 때문에 약간 줄여 프랑스 어로 옮겨 보고자 한다.
　자, 파리에 계신 여러분, 바구니를 꺼내 놓으시기 바란다. 지금 드리
려고 하는 것은 프로방스 원산의 고급 밀가루니까…….

　마르탱 신부님은 퀴퀴냥이라는 마을의 주임 신부였다.
　그는 빵처럼 부드럽고 황금처럼 순수한 분으로서 퀴퀴냥 사람들을 자
식처럼 사랑했다. 그리고 그 사람들로부터 조금만 더 만족을 얻을 수
있었더라면, 신부님에게 있어 퀴퀴냥 마을은 아마 지상의 낙원이었을
것이다.
　그러나 한심하게도 참회실에는 거미가 집을 짓고 있었고, 그 복된 부
활절에도 성체 그릇 밑에는 언제나 성체 빵이 남아돌았다. 사람 좋은
신부님은 늘 이 일로 마음 아파하면서 뿔뿔이 흩어진 양 떼를 다시 외
양간으로 몰고 돌아올 때까지 어떻게든 생명이 붙어 있게 해 달라고 쉼
없는 기도를 올렸다.
　여러분은 이제 곧 신부님이 그 기도를 이루는 것을 보게 될 것이다.

어느 일요일, 복음서의 낭독이 있은 후, 마르탱 신부님은 설교단 위로 올라갔다.

여러분, 부디 제 말씀을 믿어 주십시오. 지난 밤, 죄 많은 이 사람은 천국의 문 앞에 서 있었습니다. 그 문을 두드렸더니 성 베드로 님께서 나와 손수 문을 열어 주셨습니다!

"아니, 이건 마르탱 신부가 아니오? 대체 무슨 바람이 불어 이곳까지 온 것이오?"

"성 베드로님, 당신은 생명록과 천국의 열쇠를 가지고 계십니다. 대체 우리 퀴퀴냥 사람들이 천국에 몇 명이나 있는지 알려 주십시오. 물론 제가 참견할 문제는 아닙니다만……."

"당신의 청을 어찌 거절할 수 있겠소, 마르탱 신부. 자자, 앉으세요. 함께 찾아봅시다."

이리하여 성 베드로님은 커다란 책을 펼치시더니 안경을 쓰셨습니다.

"자, 살펴봅시다. 퀴퀴냥이라고 했지요. 퀴…… 퀴퀴냥이라……. 아, 여기 있군요. 퀴퀴냥. 마르탱 신부님, 이 장은 새하얗군요. 한 명도 없어요. 칠면조 고기에 생선뼈가 하나도 없듯이 퀴퀴냥 사람들은 단 한 사람도 없습니다."

"아니, 뭐라고요? 퀴퀴냥 사람들이 여기에는 한 명도 없다고요? 맙소사, 그럴 리가 없습니다. 좀 더 찾아봐 주세요."

"마찬가지예요. 제가 농담을 하고 있는 것 같다면, 신부님께서 직접 찾아보시지요."

이 얼마나 한심한 노릇입니까! 나는 발을 구르고 양손을 모아 자비를 베풀어 달라고 외쳤습니다.

그러자 성 베드로님께서 이렇게 말씀하시더군요.

"날 믿으시오, 마르탱 신부, 그렇게 괴로워하시면 안 됩니다. 중풍에라도 걸리시면 정말 큰일이니까요. 어쨌든 이것은 당신의 잘못이 아닙니다. 퀴퀴냥 사람들은 아무래도 잠시 연옥에 들러 몸을 씻어야 하겠습니다."

"아아, 부디 자비를 베푸시어 그들을 만나 위로할 방법을 찾게 해 주십시오."

"알겠습니다. 자, 빨리 이 짚신을 신으십시오. 길이 별로 좋지 못하니까요. 네, 됐습니다. 그러면 저쪽으로 곧장 가십시오. 막다른 곳에 모퉁이가 보일 겁니다. 그 곳으로 가시면 검은 십자가를 새겨 놓은 은으로 된 문이 보일 겁니다. 오른쪽이에요. 그 문을 두드리세요. 그러면 열릴 겁니다. 자, 잘 가시오! 몸조심하시오!"

그래서 난 걸었지요. 열심히 걸었습니다! 대단히 험한 길이더군요. 생각만 해도 소름이 끼칩니다. 가시덤불로 덮이고 뱀들이 우글거리는 오솔길이었지요. 그렇지만 나는 그 은으로 된 문을 향해 걸어갔습니다.

쾅! 쾅!

"누구십니까?"

슬프고도 지친 음성이 대답했습니다.

"퀴퀴냥의 신부입니다."

"누구라고요?"

"퀴퀴냥이오."

"아아, 그래요? 들어오십시오!"

나는 안으로 들어갔지요. 밤처럼 새까만 날개와 대낮처럼 빛나는 옷을 걸친 키 크고 아름다운 천사가 허리띠에 다이아몬드 열쇠 꾸러미를 찬 채, 성 베드로님이 갖고 계시던 것보다 더 큰 책에 무엇인가를 부지

런히 적어 넣고 있었습니다.

"그런데 무슨 일이시죠? 뭘 알고 싶으신가요?"

"천사님, 제가 유별나게 호기심이 많아서인지는 모르겠습니다만……
이곳에 레 퀴퀴냐네가 있는지 궁금합니다."

"레……?"

"레 퀴퀴냐네, 퀴퀴냥 사람들 말입니다. 저는 그들의 주임 신부입니
다."

"아하, 마르탱 신부님이시로군요?"

"그렇습니다, 천사님."

"퀴퀴냥이라고 하셨지요?"

천사님은 그렇게 말하고는 커다란 장부를 펼치더군요. 그리고 손가락
에 침을 발라 가면서 책장을 넘겼습니다.

"퀴퀴냥! 마르탱 신부님, 연옥에는 퀴퀴냥 사람이 한 명도 없군요."

천사님은 한숨을 쉬었습니다.

"예수님, 마리아님, 요셉님, 연옥에는 퀴퀴냥 사람들이 한 명도 없답
니다! 그럼 도대체 어디에 있을까요?"

"글쎄요, 뭐……. 천국에 있겠지요."

"그곳에 들러 보았답니다."

"천국 말씀인가요?. 그런데요?"

"그런데 그 사람들이 그곳에 없었습니다. 아아, 마리아님!"

"천국에도 연옥에도 없다면 그 중간은 없으니까, 아마도 지옥에……."

"오오, 다윗의 자손 예수여! 이것이 사실일까요? 정말 큰일났군. 한심
한 일이야. 퀴퀴냥 사람들이 천국에 없다면, 나 또한 어떻게 그곳에
갈 수 있을까……."

"자, 들으세요, 가엾은 신부님. 당신은 어떻게 해서든 이 일을 확인하

고 직접 보고 싶으신 거겠죠? 그러니까 이 길로 가십시오. 달릴 수 있다면 달려가세요. 왼쪽에 커다란 대문이 나오면, 거기서 모든 것을 물어보십시오. 하느님께서 모두 가르쳐 주실 겁니다."

천사님은 그렇게 말하더니 문을 닫았습니다.

그곳은 시뻘겋게 타는 숯을 깔아 놓은 길이었습니다. 나는 마치 술이라도 마신 것처럼 비틀거렸지요. 한걸음 한걸음 걸을 때마다 넘어질 것처럼 휘청거렸습니다. 털구멍마다 땀방울이 솟아 나와 온몸을 흠뻑 적셨고, 타는 듯한 갈증에 몹시 헐떡였습니다. 하지만 다행히도 베드로님께서 빌려 주신 짚신 덕분에 발은 데지 않았습니다.

다리를 절룩거리면서 몇 번이나 넘어질 뻔했으나 나는 결국 왼쪽에 있는, 입구라기보다는 문이라고 할 수 있는 커다란 가마솥처럼 열린 대문을 보았습니다. 아아, 여러분, 이게 어찌 된 일입니까! 그곳에서는 이름을 묻지 않는 겁니다. 장부도 없었습니다. 사람들은 무리를 지어 입구를 향해 들어가는 것이었습니다. 마치 여러분들께서 일요일만 되면 술집으로 몰려가는 것처럼…….

나는 땀을 흘리고 있었지만, 몸서리가 쳐지는 한기를 느꼈습니다. 머리털이 거꾸로 서는 듯했습니다. 누린내가 나고, 고기 타는 냄새도 났습니다. 편자공 엘르아가 편자를 달기 위해 늙은 당나귀의 발굽을 지질 때 퀴퀴냥 마을에 퍼져 가던 그런 냄새였지요.

나는 그 냄새와 답답한 공기 속에서 숨이 막힐 것 같았습니다. 무시무시한 소음과 신음 소리, 비명에 가까운 외침과 더러운 욕설이 들려왔습니다.

"어이, 이봐! 들어갈 거야, 안 들어갈 거야?"

뿔 달린 마귀가 갈퀴로 나를 찌르면서 물었습니다.

"저 말입니까? 안 들어갑니다. 저는 하느님의 친구거든요."

"하느님의 친구라고? 이런 멍청이 같은 친구! 여긴 뭣하러 왔어?"

"저는……. 아아, 이제 그런 건 묻지 마십시오. 서 있을 수조차 없으니까요. 저는……. 저는 너무 멀리서부터 왔기 때문에……. 잠시……. 여쭙겠습니다만 혹시……. 혹시 이 곳에……. 누구……. 퀴퀴냥 사람이 와 있지는 않나요?"

"에잇, 빌어먹을 친구! 퀴퀴냥의 바보놈들이 모두 이 곳에 와 있다는 걸 잘 알면서 시치미를 떼기는! 자, 이 까마귀 같은 친구야, 그 소문난 퀴퀴냥의 바보놈들이 어떤 지경에 빠져 있는지 잘 봐 두라고."

이렇게 해서 내가 그 무서운 불구덩이 속에서 본 것은 키다리 코크갈린——여러분께서도 잘 아시겠죠——술만 먹었다 하면 가엾은 클레통을 때리곤 했던 그 코크갈린 말입니다. 에……. 또 그리고 카타리네——그 들창코의 거지 아가씨는 헛간 안에서 홀로 뒹굴고 있더군요. 여러분께서도 기억하시겠죠? 자, 얘기를 계속합시다. 약간 말이 지나쳤어요.

줄리앙 씨의 올리브로 자기네 기름을 만들었던 파스칼 선생도 보았고, 이삭 줍는 바베도……. 자신의 볏단을 빨리 묶으려고 이삭을 주우면서 쌓아 놓은 볏단에서 한 움큼씩 빼돌렸던 여자 말입니다. 또 소리가 나지 말라고 자신의 손수레 바퀴에만 잔뜩 기름을 발랐던 그 라파지 영감님, 자기네 우물의 물을 엄청난 값에 팔아 먹었던 도핀, 내가 환자에게 성체를 가져갈 때 만나면 삼각모를 쓴 채 파이프를 물고 거만한 자세로 마치 개라도 만난 듯이 오만불손하게 지나쳐 가던 그 절름발이 아저씨……. 제트와 클로, 또 자크, 피에르, 토니도 보았습니다.

충격과 두려움에 얼굴이 새파랗게 질린 신도들은 훤히 열린 지옥 속에서 마치 각자의 아버지나 어머니, 또는 할머니나 자매 등을 보기라도 한 듯 탄식을 토해 내고 있었다.

마르탱 신부님은 말했다.

"여러분, 이제 아셨겠지요? 이런 일이 계속되어서는 안 된다는 것쯤은 이제 잘 아셨을 겁니다. 저는 여러분의 영혼을 책임지고 있습니다. 그래서 거꾸로 떨어지는 저 지옥 밑에서 여러분을 구원하고 싶습니다. 내일부터 저는 이 일에 착수할 계획입니다. 내일부터 즉각 말입니다. 할 일은 많아요! 그래서 이런 식으로 할 생각입니다. 모든 일을 잘 꾸려 가기 위해서는 무엇보다 순서가 필요한 법이니까요. 종키에르에서 댄스를 할 때처럼 차례로 진행해 나갑시다. 월요일인 내일은 노인들의 고해 성사를 듣겠어요. 이건 아무것도 아닙니다. 화요일에는 어린아이들입니다. 곧 끝나요. 수요일에는 처녀 총각들, 이것은 좀 오래 걸릴지도 모릅니다. 목요일에는 아버지들, 신속히 처리합시다. 금요일에는 어머니들, 쓸데없는 이야기는 빼라고 말하겠어요. 토요일에는 예의 방앗간 주인! 이 남자 한 사람을 위해 하루를 쓴다 해도 결코 길지 않을 겁니다. 이렇게 일요일까지 모두 끝내 버리면 우리는 얼마나 행복할까요? 저어, 여러분, 보리가 익으면 낫질을 해야 합니다. 포도주는 마개를 땄을 때 마셔야 하지요. 이 곳에는 더러워진 속옷이 있으므로 빨아야 하겠습니다. 깨끗이 빨지 않으면 안 됩니다. 천주님의 은총이 충만하시기를, 아멘!"

기도의 내용대로 일은 실행되었다. 세탁이 이루어진 것이다.

그 기억할 만한 일요일 이후로 퀴퀴냥 마을의 아름다운 미덕은 사방 10리까지 퍼져 나갔다.

행복과 기쁨으로 충만된 선량한 신부 마르탱은 지난 밤 이런 꿈을 꾸었다.

그가 수많은 신도들을 이끌고 성가대원들의 합창을 들으면서 찬란한 촛불과 향냄새 은은한 빛의 길을 하느님의 나라로 향해 나아가는 꿈이었다.

이것이 '퀴퀴냥의 주임 신부' 이야기이다. 그 자신도 절친한 친구로부터 이 이야기를 전해 들었던 위대한 거지 시인 루마니유 씨가 여러분에게 알려 드리라고 내게 들려주었던 그대로이다.

빅시우의 손가방

파리를 떠나기 며칠 전의 어느 날 아침——식사를 하고 있는 중이었다——누더기 같은 옷을 걸친 한 노인이 나를 찾아왔다.

진흙투성이가 된 두 다리는 밖으로 휘었고, 등은 구부정했으며, 털 뽑힌 두루미처럼 긴 다리를 사시나무 떨 듯 떨고 있는 초라하기 그지없는 몰골이었다. 빅시우……. 그렇다. 파리 시민 여러분! 그는 우리의 친구이자 엄청난 사랑을 독차지했던 바로 그 빅시우다. 15년이란 세월에 걸쳐 해학과 풍자 섞인 만화로 우리들의 찬양과 갈채를 불러모았던 평판 높은 독설가…….

하지만 이렇게 안돼 보일 수가! 이렇게 비참할 수가! 만일 그가 찡그린 얼굴로 들어오지 않았더라면 난 결코 그를 알아보지 못했을 것이다.

고개를 비스듬히 기울이고 지팡이를 마치 클라리넷처럼 입에 문 이 유명하고도 애처로운 광대는, 방 한가운데로 들어와 책상 앞으로 몸을 내던지면서 구걸하듯 말했다.

"이 불쌍한 장님에게 자비를 베푸소서!"

너무나 그럴듯한 흉내였으므로, 나는 웃지 않고 배길 수가 없었다.

그러나 그는 냉담한 목소리로 말했다.

"자네는 내가 장난을 치고 있다고 생각하는군. 그렇다면 내 눈을 보게."

그리고 흐리멍덩하고 커다란 두 개의 흰자위뿐인 눈동자를 내게로 향하는 것이었다.

"이보게, 난 장님일세. 이제 일평생 앞을 볼 수가 없어. 황산으로 만화를 그렸기 때문이지. 그 알량한 일이 내 눈알을 태워 먹었다네. 그것도 보시다시피……. 완전하게 말일세!"

그는 속눈썹 자국마저 찾아볼 수 없도록 타서 문드러진 눈두덩이를 보이면서 말을 이었다.

나는 너무도 심한 충격을 받은 나머지 할 말을 잊었다.

내가 잠자코 있자, 그는 불안한 듯 물었다.

"공부하는 중인가?"

"아니, 식사를 하고 있었네. 자네도 함께 하겠나?"

그는 대답하지 않았다. 그러나 코를 벌름거리고 있는 모습으로 보아 몹시 먹고 싶어한다는 것을 알 수 있었다. 나는 그의 손을 잡아 옆자리에 앉혔다.

식사가 준비되는 동안, 이 가엾은 친구는 음식 냄새를 맡으면서 흐뭇해했다.

"맛있을 것 같군. 드디어 먹을 게 얻어걸렸어. 오래 전부터 아침을 거르게 되었지! 매일 아침, 1수짜리 빵만 먹고 관청을 뛰어다닌다네. 실은 요즘 관청을 돌아다니는 게 내 단 하나의 일거리야. 난 담배 가게를 하고 싶네만……. 어쩔 수 없지 않은가! 먹고 살아야만 하니까 말일세. 이제 만화는 그릴 수가 없어. 글도 틀렸어. 입으로 말하고 받아쓰게 하면 어떻겠느냐고 하겠지? 하지만 뭘 말인가. 내 머리는 텅 비었어. 무엇 하나 나오질 않아. 내 일은 파리 사람들이 하는 짓을 보고 그것을 흉내내는 일이었어. 이젠 아무리 하려고 해도 안 돼. 그래서 담배 가게를 생각해 냈지. 물론 중심가는 아닐세. 댄서의 어머니도 장교의 미망인도 아니니까, 그렇게 마음 편한 말을 할 자격은 없지 않겠나? 시골의 자그마한 가게면 족해. 저 먼 보주 지방 근처라도 말야. 난 단단한 사기 파이프를 물고 '에르크망과 샤트리앙'(프랑스의 두 작가. 항상 함께 글을 썼다.)의 작중 인물처럼 한스나 제베드라는 이름을 쓰겠네. 그리고 담배 넣는 삼각 봉투를 요즘 작가들의 작품으로 만들어서 아무것도 쓸 수 없는 이 마음을 위로할 걸세. 내 희망은 이 것뿐이야. 별것도 아니잖은가? 그런데도 그게 쉽지 않더군. 내게도 후원자는 있을 법한데. 이래 봬도 예전에는 꽤나 인기가 있었는데 말이야. 장군이나 황족, 대신들과도 식사를 함께 했던 몸일세. 늘 나를 식사에 초대하고 싶어 했었지. 그건 내가 녀석들을 즐겁게 해 주든지, 아니면 녀석들이 날 두려워했기 때문일세. 하지만 지금은 아무도 날 겁내지 않는다네. 아아, 이 눈! 이 가엾은 눈알! 이제 아무데서도 날 불러 주질 않아. 장님의 얼굴은 입맛을 떨어뜨릴 테니까. 자, 빵을 집어 주게. 에잇, 빌어먹을! 담배 가게 하나 차리는 데도 몹시 힘이 들더군. 난 반년 전부터 청원서를 들고 관청 내를 구석구석 돌아다니고 있지. 아침에 관청 직원들이 불을 지피고 광장의 모래사장에서 각하의 말을 한 바퀴 운동시킬 때쯤 찾아가, 커다란 램프가 켜지고 식당에서 맛있는 냄새가 흘러나오는 밤이 되어서야 돌아오지. 내 일생은 대기실에 놓인 나무 상자 위에서 흘러간다네. 그래서 접수구에 앉은 녀석이 날 기억하고 있지. 내무성에서는 날 마음씨 착한 아저씨라고 불러 준다네. 그래서 나 또한 도움을 받을 수 있지 않을까 해서 농담을 들려주거나 흡수지 한구석에 놈들을 웃길 만한 콧수염 난 얼굴을 그려 주기도 하지. 20년간의 화려한 성공의 끝이 이 모양일세. 이것이 예술가의 말로란 말일세! 그런데도 프랑스에는 침을 흘리며 이런 직업을 동경하는 풋내기들이 4만 명이나 있어. 한심한 일이지. 이 빅시우의 불행이 그 친구들에게 교훈이 되었으면 좋겠어!"

말을 마친 그는 접시에 코를 들이박고 걸신들린 것처럼 먹어 대기 시작했다. 말도 하지 않고……

정말 비참한 모습이었다. 빵이나 포크가 있는 곳을 몰라 끊임없이 헤매고, 컵을 찾기 위해 손을 더듬거렸다. 아아, 가엾게도! 그는 아직도 눈이 안 보이는 데 익숙지 못한 것이었다.

잠시 시간이 흐른 뒤에, 그가 다시 입을 열었다.

"내게 있어 더욱 끔찍한 일이 있는데, 그게 뭔지 아나? 다름 아니라, 신문을 읽을 수 없게 된 일일세. 신문 기자가 아니면 이 기분을 알 리가 없지. 가끔 저녁때가 되어 돌아오는 길에 신문을 한 장 사곤 하지. 그저 촉촉한 종이 냄새와 새로운 기사의 향내를 맡기 위해서 말야. 실로 좋은 냄새지! 하지만 아무도 읽어 주지는 않아. 마누라는 읽을 수 있으면서도 고개를 흔들지. 삼면에는 재미없는 기사가 실렸다면서 말일세. 무릇 옛날엔 행실이 좋지 않던 여자가 결혼하고 나면 더없이 정숙한 척하는 법이지. 아무래도 빅시우 부인이 된 후에는 우리 마누라도 열렬한 신자가 되어야겠다고 생각한 모양일세. 그것도 아주 극단적으로! 마누라는 살레트 산의 성수로 내 눈을 닦아 주기까지 했다네! 게다가 성찬의 빵을 먹기도 하고, 의연금이니 고아나 중국 아이들을 위한 헌금이니, 헤아릴 수도 없는 많은 일을 했네. 선행은 충분히 쌓은 셈이지. 그런데도 나에게 신문을 읽어 주는 선행만큼은 하려 하지 않다니. 만약 딸이 아직 집에 있었다면 그 애가 읽어 주었을 텐데. 내가 장님이 되고부터는 식구를 줄이느라 노트르담 데 자르로 보냈다네. 그 애도 나에겐 과분했지. 태어나서 아홉 살이 되기도 전에 병이란 병은 모두 앓았다네. 그래서 우울하고 보기 흉한 아이가 되어 버렸지. 어쩌면 나보다 더 흉할지도 몰라. 마치 괴물 같았어. 도리가 없었지. 난 풍자화를 그리는 것밖에는 몰랐으니까. 맙소사! 내가 무슨 말을 하고 있는 거지? 집안 얘기를 하다니 한심하군. 이런 얘기가 자네와 무슨 상관이 있겠나? 자, 그 브랜디를 좀더 따라 주게. 기운을 차려야지. 이 곳을 나가면 문부성에 가 보아야 하네. 그 곳의 접수계 놈들은 비위 맞추기가 보통 어렵지 않아. 모두 교사 출신들이라서 말야."

난 브랜디를 따라 주었다. 그는 기분 좋은 듯 홀짝거리면서 맛보기 시작했다. 그러다가 갑자기 무슨 환상에 사로잡혔는지, 술잔을 들고 일어나 눈먼 살모사 같은 머리를 잠시 좌우로 돌린 다음, 신사처럼 부드러운 미소를 띠었다. 그러고 나서 낭랑한 연설조로 이렇게 외쳤다.

"예술을 위해! 문학을 위해! 그리고 신문을 위해!"

이렇게 시작된 긴 식탁 연설은 이 광대의 머릿속에서 나온 그 무엇보다도 뛰어나고 멋진 즉흥 연설이었다.

마침내 연설이 끝나고 잔이 비게 되자, 그는 시간을 묻더니 나가 버렸다. 거친 태도로 잘 있으란 말도 없이……. 난 뒤루이 씨(당시의 문부대신)의 접수계 사람이 그날 아침에 있었을 그의 방문을 어떻게 느꼈는지 알지 못한다.

그러나 이 무시무시한 장님의 방문이 있은 뒤만큼 한심하고 불쾌하게 느껴졌던 일은 아마 평생 한 번도 없었으리라 생각한다.

잉크 병은 나로 하여금 공포와 불쾌감을 느끼게 했고, 동시에 나는 어디론가 멀리 달려나가 싱싱한 나무들을 바라보면서 기분 좋은 그 무엇인가와 접해 보고 싶은 충동에 사로잡혔다. 아아, 실로 기분 나쁘고 씁쓸한 일이었다. 더럽고 추한 친구! 가는 곳마다 침을 내뱉고, 모든 것을 저주와 추잡한 욕설로 짓이겨 놓다니……

나는 난폭하게 방 안을 오락가락했다. 그가 딸 이야기를 꺼낼 때 흘렸던 소름 끼치는 냉소가 언제까지고 뇌리에서 사라지질 않았다.

갑자기 그 친구가 앉아 있던 의자 옆에서 무엇인가 굴러다니고 있는 것이 눈에 띄었다. 손가방이었다. 두툼하고 까맣고 손때가 묻어 네 귀퉁이가 반질반질하게 닳아 있는 손가방이었다. 그가 항상 손에서 놓는 법이 없었으므로, 우리는 그것을 반농담삼아 독주머니라고 불렀었다. 우리 사이에서는 지라르댕 씨의 그 유명한 서류 가방만큼이나 평판이 자자했던 손가방이었으므로, 그 안에는 무섭고 끔찍한 물건이 들어 있는 모양이라고 수군거리곤 했던 것이다. 바야흐로 그 내용물을 확인해 볼 좋은 기회가 온 셈이다.

나는 그 낡고 불룩한 손가방을 거꾸로 흔들어 안에 들어 있던 종이 부스러기들을 양탄자 위에 쏟아 놓았다. 그리고 흩어진 종이들을 하나하나 주워 모았다.

꽃무늬가 그려져 있는 그 편지들은 어느 것이나 '그리운 아버지께'로 시작되어 '마리아의 회원, 세린 빅시우'라는 서명으로 끝나는 것들이었다.

다음은 디프테리아, 소아성 경풍, 성홍열, 홍역 등과 같은 어린이들의 병에 관한 낡은 처방전이 나왔다(가엾게도 빅시우의 딸은 이 병들을 하나도 빠짐 없이 앓아야 했던 것이다).

마지막으로 나온 것은 봉해 놓은 큼지막한 봉투였는데, 마치 소녀의 모자에서 삐져나온 듯 노란 곱슬머리가 두어 가닥 보였다. 그리고 거기에는 장님이 떨리는 손으로 쓴 글씨체로 이렇게 적혀 있었다.

'세린의 머리카락. 수도원에 들어간 5월 13일에 자르다.'

이상이 빅시우의 손가방에 들어 있던 것들이다.

두 채의 여인숙

님에서 돌아오던 7월의 어느 날 오후는 실로 찌는 듯이 무더웠다. 한 점의 그늘도 없고, 한 자락의 미풍도 불지 않았다. 오직 뜨거운 공기의 진동과 있는 힘을 다한 듯한 매미의 울음소리가 들릴 뿐이었다.

나는 두 시간 전부터 마치 사막과도 같은 이 곳을 걷고 있다. 그런데 난데없이 도로의 흙먼지 속에서 하얀 집의 무더기가 눈앞에 나타났다. 그것은 생 뱅상의 여인숙이었다.

대여섯 채의 농가와 붉은 지붕을 한 기다란 헛간이 있었고, 앙상한 무화과나무 숲 속에 물도 없는 물통이 놓여 있었다. 그리고 마을 끝에는 두 채의 여인숙이 길 양쪽에서 마주 보고 있었다. 두 여인숙이 서로 마주 보고 있다는 사실이 왠지 내 마음을 잡아끌었다.

한쪽은 새로 지은 커다란 건물로 활기가 넘쳐 보였다. 문이란 문은 죄다 활짝 열려 있었고, 그 앞에는 합승 마차가 멈추어 서 있었으며, 방금 풀려난 말들의 몸에선 김이 피어올랐고, 마차에서 내린 여행자들은 벽이 만들어 주는 짤막한 그늘 밑에 주저앉아 분주히 술병을 기울이고 있었다. 그리고 당나귀와 마차들로 혼잡을 빚는 광장이나 헛간 그늘 밑에 누워 서늘해지기를 기다리는 마부들……. 집 안에서는 크게 외치는 소리, 욕지거리와 주먹으로 테이블을 두들기는 소리, 술잔을 부딪치며 건배하는 소리, 당구 치는 소리, 레몬수 마개 따는 소리, 그리고 그 소

란 가운데서도 유난히 높고 찢어질 듯한 경쾌한 노랫소리가 유리창을
뒤흔들면서 흘러나오고 있었다.

귀여운 아가씨 마르고통은
아침 일찍 일어나
은물동이 어깨에 메고
샘물 길러 간다네…….

이와는 대조적으로 맞은편의 여인숙은 인기척이 없는 텅 빈 집과 같
았다. 현관 앞에는 잡초가 무성했고, 쇠살문은 녹슬고 부서진 채 앙상한
가시나무 잔가지가 마치 낡아빠진 깃털 장식 모양으로 늘어져 있었다.
계단 역시 길가에 굴러다니는 돌을 주워다 얼기설기 받쳐 놓은 것에 불
과했다. 그러한 모든 것들이 너무나 초라하고 한심하기 때문에 그 곳에
들러 한잔 한다는 것은 자선을 베푸는 것이라 해도 지나친 말이 아닐
정도였다.

안으로 들어가니, 인기척이 없는 음습하고 좁다란 방이 나왔다. 그것
은 커튼도 없는 세 개의 커다란 창으로 비쳐 들어오는 눈부신 광선 때
문에 더욱더 슬프고 황량해 보였다. 뽀얗게 먼지가 내려앉은 컵들이 여
기저기 어질러져 있고, 삐걱이는 테이블 네 귀퉁이에 밥그릇만한 커다
란 구멍이 뚫려 있었으며, 바닥이 찢긴 당구대, 거기에다 누렇게 색이
바랜 소파나 낡은 계산대 같은 것들이 그 방에 감돌고 있는 가슴 답답
한 무더위 속에서 말없이 잠들어 있었다.
아, 게다가 그 파리 떼로 말할 것 같으면! 나는 이제껏 그렇게 많은
파리 떼는 본 적이 없다. 천장이고 유리창이고 컵 속이고 할 것 없이 온

집안이 파리 천지였다. 문을 열자 파리들은 일제히 날개를 붕붕거렸기 때문에, 정말이지 마치 벌집을 쑤셔 놓은 것 같았다.

방 안쪽에서 한 아낙이 창문에 이마를 맞대고 선 채 열심히 밖을 내다보고 있었다. 나는 그 여인을 두 번이나 불렀다.

"여보세요, 아주머니!"

그녀는 천천히 고개를 돌렸다. 굵은 주름이 잡혔으며, 얼굴빛은 흙색에 가까운 초라한 시골 아낙의 얼굴이었다. 그리고 이 지방의 할머니들이나 쓰는 것 같은 그런 갈색의 기다란 레이스 자락으로 얼굴을 가리고 있었다. 하지만 그녀는 할머니가 아니었다. 단지 눈물을 많이 흘린 탓에 찌들어 있었을 따름이다.

"무슨 일이신지요?"

아낙은 눈가를 문지르면서 물었다.

"잠깐 뭐라도 마시면서 쉬어 갈까 하는데요."

그녀는 몹시 의외라는 듯한 표정으로 꼼짝도 않고 나를 지켜보았다. 영문을 알 수 없다는 듯이…….

"저어, 이 곳은 여인숙이 아닌가요?"

그녀는 길게 한숨을 내쉬었다.

"네. 물론 여인숙이긴 하지만……. 그런데 왜 다른 분들처럼 저쪽 여인숙으로 가지 않으셨나요? 저쪽이 훨씬 떠들썩하고……."

"너무 떠들썩합니다, 제게는요……. 전 이쪽이 좋아요."

나는 이렇게 말하고 나서 그녀의 대답이 떨어지기도 전에 테이블 앞에 앉았다.

그녀는 그제야 내가 진심으로 말하고 있다는 것을 알아차리고는 분주하게 오락가락하기 시작했다.

찬장 서랍을 연다, 병을 흔든다, 컵을 닦는다, 파리를 쫓는다. 접대해야 할 여행객이 찾아온 것이 마치 희귀한 사건이라도 되는 양 그녀는 부산을 떨었다.

이따금 그 불행한 아낙은 걸음을 멈추고, 도저히 손님 접대를 할 수 없을 것 같다는 듯 생각에 잠기곤 했다.

이윽고 그녀는 구석진 방으로 들어갔다. 큼지막한 열쇠를 덜그럭거리면서 자물쇠를 열고, 빵상자를 뒤지거나 접시의 먼지를 불어 털고 물에 헹구어 대는 소리가 들려왔다.

그리고 가끔씩은 깊은 탄식과, 참으려 해도 어쩔 수 없이 새어 나오고 마는 흐느낌이 간간이 뒤섞여 들려왔다.

약 15분간의 준비 작업이 있은 뒤, 내 앞에는 건포도 한 접시와 오래된 탓에 바위처럼 단단해진 보케일 빵, 그리고 싸구려 포도주 한 병이 놓였다.

"다 됐어요."

그 묘하기 짝이 없는 아낙이 말했다.

그러고 나서 그녀는 급한 발걸음으로 원래의 자리로 돌아가 창문 앞에 서는 것이었다.

술을 마시면서 나는 그녀에게 말을 붙이려고 했다.

"여긴 별로 손님이 없군요. 그렇죠, 아주머니?"

"정말이에요, 손님. 한 사람도 없어요. 이 부근에 우리 집만 있었을 때는 이렇지 않았어요. 여행객들이 쉬어 가는 역참이기도 했고, 오리가 많은 계절에는 사냥꾼들이 들어와 식사를 했어요. 마차가 일 년 내내 끊이질 않았답니다. 하지만 저쪽 여인숙이 생기고 나서부터는 모든 게 끝나 버렸어요. 손님들은 모두들 좋아라 저쪽 집으로만 몰려 갔으니까요. 이 곳은 너무 음침하다고 생각한 탓일 거예요. 정말이지

우리 집은 기분이 좋질 않아요. 저는 아름답지도 않을 뿐더러 열병을 앓고 있어요. 게다가 두 딸까지 저 세상으로 보냈거든요. 하지만 저 집은 반대로 일 년 내내 웃음이 끊이질 않는답니다. 여주인은 아를 태생으로 금목걸이를 세 개씩이나 걸고 있고, 레이스를 두르고 다니는 미인이지요. 마부가 그녀의 애인인데 마차를 늘 그쪽에 대 줘요. 더구나 알랑거리기 잘하는 여급들을 많이 두었지요. 그러니까 단골 손님이 자꾸 생길 수밖에요. 마차꾼들은 모두 그녀의 가게를 지나가려고 길을 돌아올 정도지요. 저는 손님이 한 명도 없는 탓에 매일 이곳에 이렇게 서서 야위어 갈 뿐이에요.”

아낙은 여전히 이마를 유리창에 기댄 채 분명치 않은 목소리로 기운 없이 말했다. 그러나 맞은편 여관에는 뭔지 모르지만 분명히 그녀의 마음을 사로잡고 있는 것이 있었다.

갑자기 길 맞은편이 소란스러워졌다. 뿌얀 흙먼지 속에서 마차가 움직이기 시작했고, 채찍을 휘두르는 소리와 마부의 나팔 소리, 입구로 달려나온 여자들의 외침이 들려왔다.

"안녕히 가세요! 안녕……."

그리고 아까의 그 멋진 목소리가 한층 소리 높여 노래를 부르는 것이었다.

　　은물동이 어깨에 메고
　　샘물 길러 간다네.
　　샘터에서 보았다네,
　　세 명의 늠름한 기사를…….

아낙은 그 못소리에 온몸을 가늘게 떨면서 내 쪽을 돌아다보았다.

"들리세요? 제 남편이랍니다. 노래를 아주 잘하지요?"

나는 깜짝 놀라 아낙을 쳐다보았다.

"뭐라고요? 당신 남편이라고요? 그럼 댁의 남편도 저 집으로 가신다는 말씀인가요?"

그러자 아낙은 서글프고도 부드러운 목소리로 말했다.

"어쩔 수가 없답니다. 남자란 그런 거니까요. 남자들은 눈물 흘리는 걸 싫어하지요. 하지만 전 딸들을 잃은 뒤로 늘 울고만 있답니다. 게다가 아무도 찾아 주지 않는 이 썰렁한 집은 음산하기 짝이 없으니까요. 그래서 남편은 가슴이 답답하고 술 생각이 나면 가엾게도 저 집을 찾아간답니다. 그리고 목소리가 좋으니까, 늘 아를의 여인이 시키는 대로 노래를 부르는 거예요. 쉿! 또 시작했어요!"

아낙은 온몸을 가늘게 떨며 손을 내저었다. 굵은 눈물 방울이 그녀의 뺨을 타고 흘러내렸다. 그녀의 얼굴은 점점 더 보기 흉하게 변해 갔다.

그녀는 여전히 아를의 여인을 위해 불러 주는 남편의 노랫소리에 귀를 기울이고 있었다.

첫 번째 기사가 다가왔다네.

안녕하세요, 귀여운 아가씨?

코르마르 재판관의 환상

　프러시아의 빌헬름 황제에게 선서를 하기 전까지는 코르마르(알사스의 도시) 재판소의 작달막한 판사 돌렝제만큼 행복한 사람이 없었다. 법모를 비스듬히 쓰고, 톡 튀어나온 배에 꽃처럼 붉게 열린 입술, 모슬린 리본 위에 세 겹으로 살이 접힌 턱을 얹고 재판정에 나타났을 때, 그만큼 행복한 사람은 없었다. 그가 자리에 앉을 때는 마치 '흠! 기분도 괜찮은데 한숨 자 볼까……' 하고 혼잣말을 하는 듯했다.

　그가 뒤룩뒤룩 살찐 다리를 뻗고 커다란 팔걸이 의자의 부드러운 가죽 방석 위에 깊숙이 앉아 있는 모습은 보기만 해도 유쾌한 것이었다. 30년 동안이나 줄곧 재판관으로 일해 왔지만, 그는 늘 변함없이 기분 좋고 명랑한 얼굴을 한 채 이 가죽 방석에 나와 앉곤 했었다.

　오, 가엾은 돌렝제!

　그의 신세를 망친 것은 바로 이 가죽 방석이었다. 가죽 방석에서 엉덩이를 들기보다는 차라리 프러시아 인이 되기를 바랐을 만큼 이 방석이 주는 안락감은 너무도 좋았다.

　빌헬름 황제는 그에게 말했었다.

　"돌렝제 씨, 그 자리를 그대로 지켜 주시오!"

　그래서 돌렝제는 그대로 눌러 앉아 있었다. 그리고 오늘 그는 코르마르 재판소의 법관으로서 베를린에 있는 황제 폐하의 이름으로 용감하게 재판을 행하려는 것이다.

그의 주위를 에워싸고 있는 사물은 아무것도 변한 것이 없었다. 여전히 단조롭고 고리타분한 재판소로서, 닳아서 반질거리는 걸상이 줄지어 있고, 아무 장식도 없는 벽에 웅성거리는 변호사들이 있는 교리 문답실 같은 넓은 홀의 두꺼운 커튼이 드리워진 높다란 창에서는 희미한 빛이 비쳐들고 있었으며, 예의 그 커다란 그리스도 상이 먼지를 뒤집어쓰고 고개를 떨군 채 양팔을 벌리고 있었다.

비록 프러시아 땅이 되었어도 코르마르 재판소는 그 격이 떨어지지는 않았다. 변함없이 재판정 안에는 황제의 상이 있었다.

하지만 그럼에도 불구하고 돌렝제는 자기 나라에 살고 있지 않은 듯한 외로움을 느꼈다. 팔걸이 의자에 깊숙이 파묻혀 보아도 소용없었다. 이제는 옛날같이 기분 좋게 잠들 수가 없었다. 가끔 법정에서 깜빡 졸 때가 있어도 반드시 무서운 꿈을 꾸는 것이었다.

오네코, 발롱달자스(알사스의 북쪽에서 남쪽으로 뻗은 보주 산맥의 봉우리들) 같은 높은 곳에 있는 꿈을 꾼다. 대체 거기서 뭘 하는 건지, 오로지 혼자서 법의를 입고 비틀린 나무나 어지럽게 날아다니는 곤충밖에는 보이지 않는 지독히 높은 곳에서 커다란 팔걸이 의자에 앉아 있곤 했다. 그런데 돌렝제 자신도 왜 그 곳에 있는지 알지 못했다. 다만 엄청난 두려움에 식은땀을 흘리면서 겁에 질린 채 기다리고 있었다.

라인 강 저쪽, 전나무들의 검은 숲에서 붉고 거대한 태양이 솟아오른다. 태양이 솟아오름에 따라 웅성거리는 소리와 발소리, 달리는 마차 소리가 점차 커지면서 가까이 다가온다. 돌렝제는 가슴이 조마조마하다. 이윽고 돌렝제는 이 보주 협곡을 집합소로 정한 모든 알사스 사람들의 슬프고도 쓸쓸한 행렬이 산허리를 타고 도는 길고도 꼬불꼬불한 길을 통해 그에게로 올라오는 것을 보는 것이다.

맨 앞에는 네 마리의 황소가 끄는 커다란 수레가 올라온다. 추수 때면 곡식단을 가득 싣고 오는 모습을 볼 수 있었던 그 수레가 지금은 가재 도구나 옷가지 또는 연장 등을 잔뜩 싣고 올라온다. 커다란 침대, 높다란 장롱, 인도의 장식품, 빵 반죽 그릇, 물레, 어린이용 의자, 대대로 전해져 내려온 팔걸이 의자 따위의 골동품들이 구석구석에서 끌려나와 수레에 실린 채 불어오는 바람에 그 고귀한 먼지를 흩날린다.

집안 전체가 이 수레를 타고 나선 것이다. 그래서 수레는 고통스러운 듯 신음 소리를 내며 나아간다. 또 소들은 힘겹게 수레를 끌고 있다. 마치 수레바퀴가 땅에 달라붙어 있기라도 한 듯. 그리고 마른 흙덩이가 괭이, 쟁기, 곡괭이, 갈퀴들에 달라붙어 한층 더 짐을 무겁게 하고, 그 출발을 마치 나무가 뿌리째 뽑힐 때와 같이 소란스럽게 만든다.

그 뒤에서는 귀하고 천하고, 늙고 젊고를 가릴 것 없이 많은 사람들이 묵묵히 몰려온다. 휘청거리면서 삼각모를 쓰고 지팡이에 의지한 키큰 노인으로부터 마직 솜바지를 입고 멜빵을 한 금발의 곱슬머리 어린아이에 이르기까지, 건강한 자도 병약한 자도 내년이면 성인이 될 자도 목발 짚은 외다리 병사도, '스판도 요새'의 곰팡이를 아직도 낡은 군복 속에 간직하고 있는 창백하고 야윈 포병도 모두 당당하게 거리를 행진해 간다.

그 길의 한편에 코르마르 재판관이 앉아 있었다. 그의 앞을 지날 때는 모두가 분노와 증오가 섞인 무서운 표정으로 그를 쏘아보았다. 아아, 불쌍한 돌렝제! 그는 쥐구멍이라도 있다면 숨고 싶었고, 날개라도 있다면 하늘로 날아 도망치고 싶었으나 어쩔 수가 없었다. 그의 팔걸이 의자는 산 속에 박혀 있었고, 가죽 방석은 팔걸이 의자에, 또 그는 그 가죽 방석에 달라붙어 있었다.

그는 자신이 노천 무대 같은 곳에 있다는 것을 깨달았다. 더욱이 그 무대는 그의 부끄러운 모습을 되도록 멀리서도 볼 수 있도록 높은 곳에 놓여 있었다.

행렬은 이어진다. 이 마을 저 마을 사람, 스위스 국경 근처에 살던 사람들은 엄청나게 많은 양 떼를 몰고, 자르의 주민들은 무거운 쇠연장을 광석 싣는 수레에 싣고 밀면서 온다. 이어서 도시에 살던 사람들이 오고 있다. 제사 공장 직공들, 가죽 장사, 직조공, 중산 계급 사람들, 사제들, 유대교 목사, 재판관, 검은 가운, 붉은 가운……. 이들이야말로 코르마르 재판소 사람들로서, 나이 든 재판장을 선두로 걸어오고 있다.

돌렝제는 너무나 수치스러워 얼굴을 숨기려 했지만 손이 말을 듣지 않았다. 눈을 감으려고 애써도 눈꺼풀이 굳어져 움직이지 않았다. 그는 어차피 보아야 했고, 사람들의 구경거리가 되어야 했다. 자신의 동료가 지나면서 던지는 경멸의 시선조차 피할 수 없었다.

구경거리가 되어 버린 재판관, 이는 분명 무서운 일이었다. 그러나 이보다 더 무서운 일은 그의 가족들이 모두 군중들 틈에 섞여 그를 아는 척하지 않는다는 사실이었다. 아내도 자식들도 고개를 떨구고 그의 앞을 지나갔다.

그들 역시 얼마나 부끄러웠을까! 그가 그토록 사랑했던 어린 미셸까지 그를 거들떠보지도 않은 채 지나가 버렸다. 단지 늙은 재판장만이 잠깐 멈추어 서서 낮은 목소리로 말했다.

"돌렝제, 우리와 함께 갑시다. 거기 그렇게 있지 말고. 자, 어서……."

하지만 돌렝제는 일어설 수가 없었다. 그는 팔다리를 버둥거리며 소리를 질렀다.

행렬은 몇 시간 동안 계속 이어졌다.

날이 저물고 행렬이 멀어졌을 때, 교회의 종루와 공장들이 늘어선 이 아름다운 골짜기는 조용해졌다. 알사스 전부가 떠나가 버린 것이다. 이제 남은 사람은 코르마르 재판관, 오직 그 한 사람뿐이다. 산 위의 형틀에 못박힌 채 면직될 재판장에서 쫓겨날 염려 없이…….

갑자기 장면이 바뀐다. 주목, 검은 십자가, 늘어선 묘비, 상복을 입은 사람들, 코르마르 묘지의 성대한 장례식 날이다. 마을의 종이란 종은 모두 울린다. 방금 돌렝제 판사가 죽은 것이다. 명예가 못다한 것을 죽음이 대신했다. 죽음은 언제까지나 가죽 방석에 앉아 있기를 고집하던 종신 법관을 떼내어 길게 눕힌 것이다.

자신이 죽은 후 자신을 위해 운다고 생각해 보라! 이보다 더 무서운 일은 없을 것이다. 돌렝제는 가슴이 미어지는 듯한 기분으로 자신의 장례식에 참석했다. 그리고 주위에 모여 있는 많은 사람들 속에는 단 한 명의 친구도, 단 한 명의 친척도 없다는 사실에 죽음보다 더 심한 절망을 맛보았다. 오로지 프러시아 사람들뿐이었다. 상여를 호위하는 것은 프러시아 병사들, 상주도 프러시아 법관이었고, 묘지 앞에서 낭독된 조사도 프러시아 말로 된 것이다. 또 그의 몸 위에 덮이는 유달리 차갑게 느껴진 흙도 아아, 프러시아의 흙이었다.

갑자기 군중들이 공손하게 길을 비켰다. 위풍당당한 백흉갑 기병이 다가왔다. 그는 외투 밑에 커다란 국화 꽃다발 같은 것을 숨기고 있었다. 주위 사람들이 수군거렸다.

"비스마르크다……. 비스마르크야……."

그러나 코르마르 재판관은 슬프게도 이렇게 생각했다.

'이렇게 와 주셔서 영광입니다, 백작님. 하지만 만약 저의 귀여운 미셸이 여기 있어 준다면…….'

갑자기 터진 웃음소리가 그의 생각을 가로막았다. 그것은 미친 듯한, 거칠고 막을 수 없는 그런 웃음이었다.

코르마르 재판관은 놀라서 '도대체 어떻게 된 영문인가?' 하고 생각했다. 그는 일어나서 주위를 둘러보았다.

방금 비스마르크가 정중하게 그의 묘 앞에 놓은 것은 그가 애용하던 방석, 바로 그 모조 가죽 방석이었다. 그 방석 테두리에는 이런 묘비명이 새겨져 있었다.

명예로운 종신 재판관
돌렝제 씨에게 바치노라.
추모와 애도의 뜻을 표하며…….

묘지에 모여 있던 사람들은 전부 배를 움켜쥔 채 웃고 있었다. 그리고 그 무례한 프러시아 사람들의 거친 웃음소리는 무덤 속까지 울려 퍼져, 그 안에서는 죽은 자가 수치심에 떨며 울고 있었다. 영원히 계속되는 비웃음에 짓눌린 채…….

집 짓 기

　불의의 기습을 당한 것은 토끼들이었다.

　토끼들은 오래 전부터 이 풍차 방앗간의 문이 굳게 닫혀 있고, 벽이랑 바닥에 잡초가 무성한 탓에 방앗간 주인이라는 작자가 죽어 버린 것으로 생각했었나 보다. 그래서 이 곳을 안성맞춤의 장소로 생각하고 자신들의 총사령부나 참모 본부쯤으로 삼아 버렸던 것 같다. 이른바 토끼군의 젬마프(벨기에의 마을 이름. 1792년, 프랑스 군이 이 곳 가까운 풍차에서 작전을 세워 오스트리아 군을 무찔렀다.) 풍차인 셈이다.

　내가 도착하던 날 밤, 바닥에 동그랗게 둘러앉아 달빛에 발을 쬐고 있던 놈이 내 기억으로 스무 마리는 족히 되었다. 내가 들창을 살그머니 연 순간, 와다다닷!

　이로써 토끼 부대는 완전히 패배하였고, 그 작고 하얀 엉덩이는 모조리 꼬리를 곧추세우면서 풀숲으로 도망쳐 버렸다. 다시 돌아와 주면 좋으련만……

　또 하나, 나를 보고 소스라치게 놀란 것은 이 풍차 방앗간의 이층에서 20년 이상이나 살아온 영감이었다. 흡사 철학자 같은 얼굴을 한 늙은 올빼미다. 나는 이 영감이 위층 벽에서 떨어진 흙더미와 부서진 기왓장 속의 굴대 위에 멍하니 앉아 있는 것을 발견했다.

　영감은 잠시 동안 그 둥근 눈으로 나를 바라보다가, 처음 보는 사람

이라고 생각했는지 깜짝 놀란 듯 '호우! 호!' 하고 소리쳤다. 그리고 먼지가 내려앉아 회색으로 변해 버린 풍차 날개를 졸린 듯 움직이기 시작했다.

'역시 사색가답군, 통 빗질을 하지 않으니……'

하지만 그런 것은 아무래도 좋았다! 눈을 쉴새없이 끔벅거리면서 오만상을 찌푸리고 있었지만, 나는 이 말없는 집주인이 누구보다도 마음에 들었다. 나는 그 자리에서 새롭게 임대 계약을 맺었다. 그는 지붕에 입구가 달려 있는 풍차 방앗간의 이층을 원래대로 전부 소유하고, 나는 아래층을 잡았다. 그것은 성당의 식당처럼 나지막하고 둥근 천장에 하얀 석회를 바른 작은 방이었다.

이제부터 시작일세, 내가 편지를 쓰는 것은……. 문을 있는 대로 활짝 열어 놓고 환한 햇살을 받으면서 쓰겠네.

햇빛을 받은 깜찍한 소나무 숲이 내 눈앞에서 아른아른 춤추며 저 산 밑으로 달려내려가고 있다네. 그 너머로는 알피유의 아름다운 산봉우리들이 보이고…… . 여기선 아무 소리도 들리지 않는다네. 오로지 들리는 것이라곤 띄엄띄엄 울리는 나무 울림 소리, 도요새 울음소리, 산길을 가는 노새의 방울소리뿐…… . 이 프로방스의 아름다운 풍경은 모두 햇빛을 받아야만 비로소 살아난다네.

이제 와서 돌이켜볼 때, 자네들이 있는 그 소란스럽고 떠들썩한 파리에 내 무슨 미련이 남았겠는가. 풍차 방앗간이 이렇게 편한데! 이 곳이야말로 진정코 내가 바라던 땅이요, 신문과 마차와 가슴 답답하던 안개로부터 천 리나 떨어진 향기롭고 아늑한 나의 은신처인 것을…… .

게다가 내 주변에는 얼마나 많은 아름다운 것들이 있는지 모른다네. 이 곳에 자리를 잡은 지 채 일주일밖에 안 됐는데도 벌써 생생한 인상과 고귀한 추억들로 내 머리는 가득 찼을 정도니까.

이것은 어제 저녁의 일일세! 나는 산기슭의 농가로 돌아오는 양 떼를 아주 가까이에서 보았다네. 그 광경은 이번 주 파리에서 처음 막을 올린 연극들 전부와도 바꾸기 아까운 것이었지. 자, 그 얘기를 한번 들어 보게나.

프로방스에서는 날씨가 더워지면 가축들을 알프스로 보내곤 한다네. 동물도 사람도 허리까지 닿는 풀밭 속에서 밤을 지새우며 그렇게 5, 6개월을 산 위에서 보내는 거야. 그리고 가을 바람이 불기 시작하면 다시 농가로 몰고 내려와 만년초 향기 은은한 풀을 얌전하게 먹인다네. 그런데 어제 저녁, 그 양 떼가 돌아왔지 뭔가! 사람들은 아침부터 대문을 활짝 열어 놓았고, 외양간에는 깨끗한 짚단을 가득 깔아 놓았지.

"지금쯤은 에이기예르를 지나고 있을 거야. 곧 파라도로 들어오겠지."

사람들은 끊임없이 말을 주고받았네. 그러는 동안 저녁때가 되었지.

갑자기 한 사람이 큰소리로 외쳤어.

"저기 온다!"

과연 아득히 저 멀리서 뽀얗게 흰 먼지를 피워올리며 양 떼들이 몰려오고 있더군. 그 길이 양 떼와 함께 걷고 있는 것처럼 보였다네. 나이든 수컷이 맨 앞에 서서 뿔을 세운 채 기세 좋게 달려오고 있었지. 그 뒤로 양의 부대가 전진해 왔어. 다리 사이에 새끼를 몰고 오는 다소 지친 듯이 보이는 어미양들, 방금 태어난 새끼양을 바구니에 담아 등에 걸머지고 그것을 흔들며 걸어오는 빨간 리본의 노새, 그리고 혀를 땅바닥까지 닿도록 길게 늘어뜨리고 땀을 뻘뻘 흘리는 양치기 개, 맨 끝으로 두 명의 키 크고 건장한 양치기가 마치 법의처럼 발끝까지 늘어뜨린 갈색 외투에 감싸인 채 나타났다네.

그들은 모두 우리 눈앞을 지나 소나기 같은 발소리를 울리며 대문 안으로 들어섰지. 집 안에서 일어난 소동은 정말 볼 만하더군. 그물코 같은 볏을 단 커다란 황록색 공작이 제 집 나무 위에서 '양들이 돌아왔다!' 하고 야단스럽게 나팔을 불어 그들을 맞이했다네.

그러자 잠들어 있던 온갖 종류의 새들이 퍼뜩 눈을 떴지. 비둘기도 집오리도 칠면조까지도 모두 일어났다네. 정말 정신없는 소동이었지. 암탉들은 '철야 작업이다, 철야 작업!' 하고 외쳤다네. 양들은 제각기 그 털 속에, 일어나 춤추도록 만드는 산의 맑은 정기를 알프스의 순박한 향기와 함께 조금씩 숨겨 가지고 돌아온 건지도 모르지.

이런 소동 속에서 양들은 보금자리를 찾아 들어갔어. 나는 양들의 대이동만큼 사랑스러운 광경은 아직 본 적이 없어. 늙은 수양은 그립던 여물통을 보고 그만 감격해 버렸지. 여행 중에 태어나 아직 농가를 보지 못한 어린 새끼양은 신기하다는 듯한 눈초리로 주위를 둘러보고 있었다네.

　하지만 내 마음을 뭉클하게 만들었던 것은 양치기 개였다네. 이 착하고 충직한 양치기 개, 양 떼를 돌보느라 늘 바쁜 이 개는 농가에서도 양들만 지켜보고 있더군. 다른 개가 아무리 집 안에서 짖어도, 우물의 두레박이 아무리 시원한 물방울을 떨구며 신호를 보내도, 양치기 개는 양들이 모두 들어간 외양간 사립문에 커다란 빗장이 걸리고 양치기가 토방의 식탁에 앉을 때까지 아무것도 듣거나 보려고 하지 않았다네. 그런 뒤에야 겨우 제집으로 들어가, 한 접시의 수프를 핥으면서 늑대가 살고 있고 새빨간 디기탈리스꽃이 이슬 속에 만발해 있던 그 산 위에서 겪었던 많은 재미있는 일들을 농가의 친구들에게 들려주는 걸세.

알 튀 르

몇 년 전, 나는 샹젤리제의 두르메종에 있는 뒷골목의 자그마한 단칸 집에 살았었다. 마차를 탄 사람밖에는 지나다니지 않는 한적하고 귀족 적인 그 거리에서, 마치 사람들의 눈길이 닿지 않는 구석에 몸을 숨기 듯 들어앉은 한쪽 모퉁이를 상상하면 무리가 없을 것이다.

어느 지주의 변덕인지, 또는 어떤 노랭이 영감이 생각해 낸 미치광이 같은 착상인지는 몰라도 이렇듯 아름다운 도시의 한복판에 빈터와 이끼 낀 뜰, 그리고 야트막한 집들이 제멋대로 내버려져 있었다. 그리고 이들 집들은 어지러운 구조로 되어 있어, 계단이 겉으로 나붙었는가 하면, 목 조 테라스에는 잔뜩 널어 놓은 빨래들이 바람에 펄럭였다.

게다가 토끼장이 나와 있고, 깡마른 고양이나 길들여진 까마귀도 있 었다. 그 곳에는 직공 가족들, 또는 얼마 안 되는 연금이나 은행 이자로 살아가는 사람들, 그리고 예술가들이 살고 있었다. 이런 사람들은 나무 가 있는 곳이면 늘 따라다니게 마련이다. 또한 대대로 가난에 찌들린 두세 채의 가구 딸린 아파트가 있었다. 그런데 그 주위는 샹젤리제의 화려함과 번잡한 소음이 둘러싸고 있었다.

끊임없이 울리는 마차 소리, 마구가 서로 부딪치는 소리, 말발굽 소 리, 육중한 소리를 내며 닫히는 대문 소리, 현관을 뒤흔드는 사륜 마차, 숨가쁜 피아노 소리, 마비유(당시 파리에서 가장 호화로웠던 무도장)의

바이올린 소리, 일대에 늘어선 조용한 대저택…….

그 저택은 모서리가 둥그스름했고, 창에는 맑은 색의 비단 커튼이 드리워져 있었으며, 받침이 없는 높은 거울에 꼬불꼬불한 촛대의 금박과 화분의 진귀한 화초들이 비치고 있었다.

길 끝에 있는 가로등으로 간신히 밝혀지고 있는 이 변두리의 어두운 골목은 마치 화려한 무대 뒤와도 같았다. 사치 속에서 버려진 쓰레기들이 모두 그 곳에 숨어 있었다.

하인들의 제복 장식 끈, 광대들의 타이즈, 영국인 마부나 서커스의 곡예사 같은 하루살이 인생들, 쌍둥이 조랑말과 광고판을 끌고 다니는 곡마단의 두 꼬마 마부, 염소가 끄는 수레, 인형극, 생과자 파는 아낙, 그리고 저녁때가 되면 접개 의자와 아코디언과 밥그릇을 들고 돌아오는 한 떼의 장님들…….

내가 이 뒷골목에 살고 있던 때, 그들 장님 중 하나가 결혼을 했다. 덕분에 그 날은 밤새도록 클라리넷과 오보에, 오르간, 또 아코디언이 연주해 내는 환상적인 음악을 들어야 했다. 각각 독특하고 단조로운 음악을 연주하는, 파리의 다리 위에서나 만날 수 있는 거리의 악사들을 직접 본 것이다.

그러나 보통때의 그 골목은 너무나 조용했다. 거리의 부랑자들은 해가 질 때까지는 돌아오지 않았고, 돌아오더라도 녹초가 되어 돌아왔다. 다만 토요일, 알튀르가 주급을 받는 그 날만은 골목이 소란스러워졌다.

알튀르는 내 옆집에 살았다. 낮고 긴 울타리만이 나의 집과, 그가 아내와 살고 있는 아파트를 구별해 주었다. 따라서 그의 생활과 나의 생활은 싫든 좋든 뒤섞이고 말았다. 그리고 토요일마다 이 노동자의 가정에서 벌어지는 무시무시하고 파괴적인 활극이 사사건건 귀에 들어오곤 했다.

시작은 늘 똑같아서, 우선 마누라가 저녁 준비를 한다. 아이들이 그 주위를 돌아다니면서 장난을 친다. 그녀는 아이들에게 상냥하게 말을 걸기도 하며 바삐 움직인다. 일곱 시, 여덟 시. 남편이 돌아오지 않는다. 시간이 흐름에 따라 그녀의 목소리는 자꾸 변해 간다. 우는 소리가 되었다가 짜증이 섞인 소리로……. 아이들은 배도 고프고 졸리기도 해서 칭얼대기 시작한다. 남편은 그 때까지 돌아오지 않는다. 식구들은 그를 더 이상 기다리지 않고 식사를 시작한다. 아이들을 재우고 닭들도 잠이 들면 그녀는 다시 나무로 된 발코니로 나온다.

나는 그녀가 눈물을 삼키며 중얼거리는 소리를 들었다.

"아아, 나쁜 사람! 나쁜 사람!"

돌아온 이웃 사람들이 그 곳에 있는 그녀를 보고 모두 동정한다.

"알튀르 부인, 그만 주무세요. 그가 돌아오지 않으리란 것은 잘 아시잖아요? 오늘은 급료를 받는 날이니까요."

그리고 충고와 수다를 늘어놓는다.

"나 같으면 사장에게 일러바치겠어요. 왜 그것을 사장에게 말하지 않는 거죠?"

이렇게 모두가 동정하면 그녀는 점차 눈물을 흘린다. 하지만 그녀는 끝까지 희망을 버리지 않고 내내 기다리다가 결국 힘이 다 빠지고 만다. 그리고 집집마다 문을 닫아 걸고 거리가 조용해지면, 이제 자기 혼자뿐이라고 생각하고 오로지 한 가지 문제에만 집중한다.

그래서 테라스 난간에 기대어 일생의 거의 대부분을 길거리에서 보낸 사람처럼 몹시 무신경하게 자신의 슬픔을 높다란 목소리로 스스로에게 읊어 대는 것이다. 집세는 밀리고, 상인들은 푸대접하고, 빵집 주인은 아예 문도 안 열어 준다고…….

오늘도 돈을 안 갖고 돌아오면 어쩐다지? 마침내 그녀는 돌아오지 않는 남편의 발소리를 기다리는 일에도 지쳐 방 안으로 들어간다. 그러나 상당히 시간이 흘러 이제는 다 끝났다고 생각할 때쯤이면, 다른 곳의 복도로부터 기침소리가 들린다.

애처롭게도 걱정이 된 그녀는 다시 밖으로 나와 어두운 골목을 뚫어져라 바라보지만, 보이는 것은 다만 자신의 고통뿐이다.

한 시나 두 시쯤, 때로는 그보다 더 늦게 길가에서 노랫소리가 들려온다. 드디어 알튀르가 돌아온 것이다. 대개의 경우, 그는 혼자가 아니라 동료 한 사람을 문 앞까지 끌고 온다.

"어이, 이리 와. 이리 오라니까."

거기까지 와서도 여전히 비틀거리고 있다. 집안 식구들이 눈이 빠져라 자신을 기다리고 있다는 것을 알고 있으므로 선뜻 들어갈 결심이 서지 않는 것이다!

계단을 오를 때, 깊은 잠에 빠져 있는 집안의 정적은 발소리를 무겁게 울려 그를 괴롭힌다. 그는 방문마다 걸음을 멈추고 큰 소리로 혼자 인사한다.

"안녕하세요, 베벨 부인. 안녕하세요, 마튜 부인……."

그리고 대답이 없으면, 문이란 문, 창문이란 창문이 모조리 열려 그의 심한 욕설에 응답할 때까지 밉살스러운 욕을 연방 내뱉는 것이다. 그것이야말로 그가 바라던 것인데, 그는 술이 취하면 난폭해져 싸우고 싶어진다. 그리고 이런 기세를 몰아 잔뜩 성을 내면서 집으로 돌아가면, 귀가에 대한 두려움이 다소나마 엷어지는 것이다.

그런데 이제부터가 정말 끔찍하다.

"문 열어! 나야."

아내가 맨발로 걷는 소리, 성냥 긋는 소리가 들린다. 남편은 안으로 들어가자마자 늘 되풀이하는 똑같은 말을 더듬거리며 늘어놓는다.

"친구 녀석이 꼬시는 바람에……. 당신도 잘 아는 놈이야. 철도에서 일하는 그 녀석 말이야."

아내는 그 말에 귀도 기울이려 하지 않는다.

"그럼 돈은?"

"벌써 다 썼어."

알튀르의 목소리다.

"거짓말쟁이!"

사실 그는 거짓말을 하고 있었다. 술이 곤드레만드레가 되면서도 미리 월요일에 술을 마실 일을 생각해서 항상 약간의 돈을 남겨 두곤 했던 것이다.

그녀가 남편에게서 빼앗으려는 것은 바로 이 급료의 나머지 돈이다. 알튀르는 발을 구르면서 소리친다.

"몽땅 마셔 버렸다고 했잖아!"

그녀는 아무 말도 하지 않고 성난 얼굴로 그에게 달려들어 몸을 흔들고 더듬고 주머니를 뒤집는다.

잠시 후, 돈이 바닥으로 굴러나오고 아내가 의기양양한 웃음소리를 내면서 그 위로 덤벼드는 소리가 들린다.

"봐요! 보라구요!"

그리고 나서 욕하고 때리는 소리…….

술주정뱅이가 보복을 하는 것이다. 일단 때리기 시작하면 그칠 줄을 모른다. 이 변두리의 몹쓸 술 속에 있는 질 나쁘고 파괴적인 근성이 모두 그의 머리로 올라와 밖으로 뛰쳐나오려 하는 것이다.

아내는 울부짖는다. 그 작은 방에 겨우 남아 있던 가구들이 산산조각이 되어 날아간다. 그 바람에 깜짝 놀라 잠이 깬 아이들이 겁에 질려 울기 시작한다. 골목의 창문이 몇 개 열리고, 사람들이 수군댄다.

"알튀르! 알튀르야!"

때로는 이웃집에 살고 있는 늙은 넝마장수 장인이 딸을 응원하러 온다. 하지만 알튀르는 방해하지 못하도록 문을 잠가 놓는다. 그래서 장인과 사위는 열쇠 구멍 사이로 소름끼치는 욕설을 주고받는다. 그리고 우리들은 끔찍한 말을 듣게 된다.

"넌 2년간이나 감옥살이를 했어도 아직 부족한 게로구나, 이 악당놈아!"

노인이 외치면 술주정뱅이는 배짱을 내밀듯 대답한다.

"그래, 2년 동안 있었어요! 그게 어쨌다는 거죠? 적어도 난 이제 세상에 진 빚은 다 갚았다고요! 장인 어른께서도 자신의 몫을 갚으시는 게 어때요?"

그에게는 극히 단순한 이야기였다.

'나는 도둑질을 했다. 당신은 날 감옥에 집어넣었다. 우리들 사이에 이제 빚은 없다.'

하지만 그래도 노인이 계속 그 이야기를 되풀이하면, 참을 수 없어진 알튀르가 문을 열고 나와 장인 장모나 근처 사람들에게 덤벼들어 상대가 누구든 간에 후려치는 것이었다.

그래도 그는 나쁜 사람은 아니었다. 그렇게 주정을 부린 다음 날인 일요일이면, 얌전해진 그는 술 마시러 갈 돈이 한 푼도 없으므로 일요일 하루를 집 안에서 보낸다. 방에서 의자가 끌어내어진다. 베벨 부인, 마튜 부인, 아파트 주민들이 총출동해서 발코니에 진을 치고 잡담을 나누기 시작한다. 알튀르는 친절한 말씨로 재치를 부린다. 마치 야학에 다니는 모범적인 직공이 아닌가 생각될 정도이다. 그는 상냥하고 부드러운 목소리로 노동자의 권리라든가 자본가들의 횡포라든가, 여기저기서 주워들은 이야기를 늘어놓는다.

전날 밤의 싸움으로 혼이 나가 버린 그 가엾은 마누라가 감탄해서 남편을 바라보고 있다. 감탄하고 있는 것은 그녀뿐만이 아니다.

"정말 알튀르 씨가 정신만 차린다면!"

베벨 부인이 한숨을 지으며 중얼거린다.

그러고 나서 부인들은 그에게 노래를 시킨다. 그러면 그는 베랑제(프랑스의 일류 대중 가요 작가)의 '제비'를 부른다.

아무리 이런 일이 있어도, 다음 토요일이 되면 알튀르는 여전히 급료를 다 써 버리고 아내를 때린다. 또 그 누추한 집에는 아버지만한 나이가 되면 급료를 술값으로 다 써 버리고 아내를 때릴 작은 알튀르들이 자라고 있다.

왕자의 죽음

어린 왕자가 병들었다. 어린 왕자는 곧 죽을 것만 같았다. 성 안의 교회는 모두 왕자의 병이 낫기를 빌면서 밤낮으로 커다란 초에 불을 켜 놓았다. 고요하고 을씨년스런 옛 도시에는 이미 교회의 종소리도 들리지 않았고, 마차도 조심스럽게 달리고 있었다. 궁궐 주변의 사람들은 궁금하지만, 금줄을 단 뚱뚱한 위병들이 위엄 있는 태도로 궁 안에서 이야기하는 것을 철책 사이로 들여다볼 뿐이었다.

온 성 안이 근심으로 가득 차 있다. 시종들과 청지기들이 대리석 계단을 바삐 오르내리고, 현관에서는 비단 옷을 입은 신하들과 시종들이 수군거리면서 왕자의 병세를 알기 위해 몰려다닌다. 눈물에 젖은 시녀들은 수놓은 예쁜 손수건으로 눈물을 닦으면서 앞쪽 넓은 계단 위에 선 채 공손히 인사를 주고받는다.

오랑제리에는 가운을 입은 많은 의사들이 모여 있다. 유리창 너머로 그들의 검은 소매가 움직이는 것이 보이고, 뒤에 늘어뜨린 가발을 의젓하게 갸웃거리는 모습이 보인다. 왕자의 사부와 시종은 의사의 발표를 기다리면서 문 앞에서 서성거린다. 그들의 곁을 지나는 시녀들은 인사도 못한다.

그 때 저쪽 마구간에서 길게 슬피 우는 소리가 들려온다. 그것은 왕자의 밤색 말에게 마부들이 여물을 주지 않아 텅 빈 구유 앞에서 말이 울부짖는 소리다.

임금님은 어디에 계신 것일까? 임금님은 성의 맨 끝에 있는 방에서 혼자 꼼짝도 안하고 계신다. 임금님은 신하들에게 눈물을 보이고 싶지 않았던 것이다. 그렇지만 왕비는 다르다. 왕비는 어린 왕자의 머리맡에 앉은 채 아름다운 얼굴을 눈물로 적시면서, 베 짜는 여인이나 비단 장수처럼 모든 사람이 보는 앞에서 큰 소리로 울고 있다.

깔고 누워 있는 요보다도 더 창백한 얼굴의 어린 왕자는 레이스 달린 침대 위에 눈을 감고 누워 있다. 잠들어 있는 것처럼 보이지만 결코 잠든 것이 아니다. 왕자는 몸을 돌리더니, 울고 있는 어머니에게 말한다.

"어마마마, 왜 울고 계세요? 정말 제가 이대로 죽을 것으로 믿으세요?"

왕비는 대답하려 하지만, 슬픔에 목이 메어 입을 열 수가 없다.

"어마마마, 울지 마세요. 제가 왕자라는 것을 잊으셨군요. 왕자는 그렇게 쉽게 죽지 않을 거예요."

왕비는 더욱 격하게 흐느껴 운다.

왕자도 서서히 두려워지기 시작한다.

"그만하세요. 죽음이 절 데려가길 원치 않아요. 저는 죽음이 이 곳에 오는 것을 막을 수 있어요. 제 침대 주위를 경계하도록 아주 건장한 40명의 근위병을 당장 보내 주세요. 그리고 도화선에 불을 당길 채비를 갖춘 대포 백 문이 저의 창 밑에서 낮이고 밤이고 지키게 해 주세요. 그래도 철없는 죽음이 이 곳에 나타난다면, 저는 그놈을 야단칠 거예요."

왕자를 안심시키기 위해서 왕비는 그렇게 하도록 지시를 한다. 창을 든 건장한 근위병 40명이 다가와 방 안에 둘러선다. 수염이 하얀 늙은 병사들이다.

왕자는 손뼉을 치면서, 그들 중 알고 있는 한 사람을 부른다.

"로렝! 로렝!"

근위병은 침대 쪽으로 한 발짝 다가선다.

"로렝, 나는 로렝이 좋아. 할아범의 그 훌륭한 솜씨를 좀 보여 줘. 죽음이 날 데리러 오면 그놈에게 따끔한 맛을 보여 주는 거야. 알았지?"

로렝은 대답한다.

"물론입니다, 전하."

늙은 병사의 거무튀튀한 뺨 위로 굵은 눈물이 두 줄을 그으면서 흘러내린다.

그때 궁전 사제가 다가와 십자가의 예수 수난상을 보이면서 나직한 목소리로 오랫동안 이야기한다.

왕자는 몹시 놀란 표정으로 그 말을 듣고 있다가, 갑자기 그 말을 가로막는다.

"신부님의 말씀은 이해하겠어요. 그렇다면 돈을 듬뿍 줘서 내 친구 베포를 대신 죽게 하면 안 될까요?"

궁전 사제는 나직한 목소리로 이야기를 계속한다. 어린 왕자는 더욱 놀란 표정이 된다.

이윽고 사제가 이야기를 마치자, 왕자는 한숨을 토하면서 말한다.

"신부님의 말씀은 저를 슬프게 만들어요. 하지만 저 하늘 위에 있는 별나라에 가도 나는 왕자일 테니까 마음이 놓여요. 나의 친척이신 하느님께서 잊지 않고 내 신분에 맞는 대우를 받도록 해 주실 거예요."

그리고 왕비 쪽을 향한 채 말을 이었다.

"어마마마, 제 옷 중 가장 예쁜 흰 담비가죽 저고리와 비단 무도화를 가져다주세요. 왕자의 복장을 하고 천국에 가서 천사들에게 자랑하고 싶어요."

다시 사제는 어린 왕자 쪽으로 몸을 수그린 채 나직한 목소리로 긴 이야기를 시작한다.

이야기 도중에 왕자는 화를 벌컥 내면서 이렇게 말한다.

"그렇다면 왕자도 별 게 아니잖아!"

그리고 더 이상 아무 말도 들으려 하지 않고, 벽 쪽으로 돌아누워 슬프게 울기만 한다.

들판의 군수님

군수님이 시찰 중이다. 마부를 앞세우고, 하인을 뒤에 거느린 채 군수의 마차는 위엄을 갖춰 콩브 오 페(마녀의 계곡)의 토산물 품평회에 가고 있다.

이 축제일을 위해 군수님은 화려한 수를 놓은 저고리를 입고, 작은 모자를 썼으며, 은줄이 들어 있는 착 달라붙는 바지를 입고, 진주 조개의 손잡이가 달린 칼을 찼다.

군수님은 무릎 위에 놓인 무늬 있는 가죽 가방을 조심스럽게 내려다본다. 이제 곧 콩브 오 페의 주민들 앞에서 해야 할 중요한 연설 때문이다.

"친애하는 내빈 여러분, 그리고 군민 여러분……."

그러나 그 말을 스무 번이나 되풀이해도, 멋진 금빛 수염을 아무리 비틀어도 도무지 다음 구절이 생각나지 않는다.

마차 안이 너무 덥기 때문일까? 콩브 오 페로 가는 길은 한낮에 내리쬐는 남부 프랑스의 뜨거운 햇볕 아래 뽀얗게 먼지가 일고 있다. 공기는 불붙은 것 같고, 길가의 느릅나무는 먼지를 뒤집어쓰고 있으며, 수많은 매미들이 각각의 나무에서 노래를 부른다.

갑자기 군수님이 소리를 지른다. 저 멀리 나지막한 산기슭에서 그에게 손짓하는 듯한 참나무 숲이 눈에 띈 것이다. 그 작은 참나무 숲이 그에게 손짓하는 것처럼 보였다.

'군수님, 자, 이쪽으로 오세요. 연설문을 쓰는 데는 저의 그늘이 최고 일 테니까요.'

군수님은 유혹에 넘어가고 만다. 그는 마차에서 뛰어내려 직원들에게 저 참나무 숲 속에서 연설문을 지어 올 테니 기다리라고 말한다.

푸른 참나무 숲 속에는 오랑캐꽃과 살랑거리는 풀 아래 졸졸 흐르는 샘물이 있다. 화려한 바지를 입고 무늬 있는 가죽 가방을 든 군수님을 보더니, 새는 노래를 멈추고, 샘물은 숨을 죽이고, 오랑캐꽃은 잔디 속에 숨는다.

군수님은 이 작은 숲의 나라에 온 적이 없었으므로, 숲의 사물들은 모두 귀하게 생긴 저 사람이 누구인가 하고 서로에게 묻는다. 은줄 바지의 이 사람이 누구인가를 묻는 소리들이 나무 그늘 아래에 들린다.

숲 속의 고요와 시원함에 마음이 편안해진 군수님은, 옷자락을 걷어올리고 모자를 풀밭에 벗어 놓은 다음, 참나무 밑동의 이끼 위에 앉는다. 그리고는 무늬 있는 가죽 가방을 무릎 위에 놓은 후, 그것을 열어 사무용 종이를 한 장 꺼낸다.

"예술가다!"

휘파람새가 말한다.

"아냐, 예술가가 아냐. 은줄 바지를 입고 있잖아. 저분은 왕자님일 거야."

피리새가 말한다.

"내가 알고 있어. 저분은 군수님이야."

한 철을 군청의 정원에서 지낸 늙은 휘파람새가 말한다.

"군수님이다, 군수님!"

작은 숲 전체가 수군거린다.

"대머리로군!"

크고 멋진 볏을 가진 종달새가 말한다.

"나쁜 사람인가?"

오랑캐꽃이 묻는다.

"천만에."

늙은 휘파람새가 대답한다.

그 말을 듣자 안심이 되어, 군수님이 오기 전처럼 새들은 다시 노래를 부르고 샘물도 졸졸 소리 높여 흐르기 시작한다. 오랑캐꽃은 다시 향기를 뿜낸다.

이 소란스러운 즐거움을 아랑곳하지 않고 군수님은 손에 연필을 든 채 품평회에서 자신이 낭독하게 될 연설문을 품위 있고 엄숙하게 낭독한다.

"친애하는 군민 여러분……."

'친애하는 군민 여러분' 하고 군수님이 엄숙한 목소리로 말하자마자, 커다란 웃음소리가 들렸다. 주위를 둘러보니, 보이는 것은 한 마리의 딱따구리뿐이다. 딱따구리는 군수님의 모자 위에 앉아 있었다. 군수님은 어깨를 한 번 추스르고 연설을 계속하려고 한다. 그러나 딱따구리가 다시 말을 가로막으며 소리친다.

"그게 무슨 쓸모가 있어?"

"뭐라고, 쓸모가 없다고?"

군수님은 얼굴이 붉어진다. 그리고 팔을 내둘러 방해꾼인 딱따구리를 쫓아 버린 다음, 다시 목소리를 가다듬어 연설을 시작한다.

"친애하는 군민 여러분……."

그러자 이번에는 예쁜 오랑캐꽃이 줄기 끝을 뻗어 군수님을 향한 채 부드러운 목소리로 이야기한다.

"군수님, 우리의 향기가 달콤하지 않으세요?"

샘물이 이끼 밑을 흐르면서 맑은 노래를 부르고, 군수님의 머리 위 나뭇가지에는 떼지어 몰려온 휘파람새가 아름다운 목소리로 합창을 한다. 숲 전체가 군수님이 연설문 쓰는 것을 방해하기로 음모를 꾸민 것 같다.

숲 전체가 연설문 쓰는 것을 방해했으므로, 군수님의 노력은 헛된 것이 되고 만다. 군수님은 풀밭에 비스듬히 누워 턱을 괴고, 옷의 단추를 풀면서 두세 차례 더 중얼거려 본다.

"친애하는 군민 여러분……. 친애하는……. 군민……. 친애하는……."

그리고는 군민 여러분이고 뭐고 모두 치워 버리고 만다. 품평회의 여신도 그 얼굴 모습이 점차 희미해져 간다.

품평회의 여신이여, 두 손으로 얼굴을 가려라!

한 시간 뒤, 군청 직원들은 군수님이 염려되어 숲 속으로 들어온다. 그들은 깜짝 놀라 뒤로 넘어질 일을 본다. 군수님은 집시처럼 풀밭에 배를 깔고 엎드려 있다. 저고리는 옆에 벗어 두고 가슴은 풀어헤친 채, 오랑캐꽃을 씹으면서 시를 짓고 있었던 것이다.

작품 알아보기
(단편문학)

〈마지막 수업〉은 프랑스의 알사스 지역이 독일군에게 점령당한 때를 시대적 배경으로 하여, 나라를 빼앗기고 모국어를 쓰지 못하게 된 프랑스 사람들의 슬픔과 고통을 보여 준다. 이 작품은 일제 식민지 아래에서 일본어를 배워야 했던 우리의 경험과도 같기 때문에 더 큰 감동과 공감을 불러일으킨다.

〈별〉은 양치기 소년의 순수하고 아름다운 사랑을 한 편의 시처럼 그려내고 있는 작품이다. 주인집 아가씨를 마음속으로 좋아하면서도 그 마음을 순결하게 간직하는 목동의 모습과, 서정성 풍부한 별 이야기가 인간의 순수한 마음을 아름답게 형상화시키고 있다.

〈스강 씨네 새끼산양〉에서 새끼산양 브랑켓은 스강 씨네 목장에서 평화롭게 살아간다. 그러나 좁은 곳에 갇혀 지내는 생활이 견딜 수 없어, 스강 씨의 만류를 뿌리치고 목장을 도망친다. 브랑켓은 원하던 자유를 마음껏 즐기지만, 날이 어두워지자 늑대와 마주치게 된다. 브랑켓은 끝까지 저항하다가 결국 늑대의 먹이가 되고 만다. 도데는 브랑켓을 통해, 주위 사람들의 말을 듣지 않고 끝까지 자기 고집대로 살아가는 사람들을 풍자하고 있다. 그러나 한편으로 브랑켓이 위험 속에서도 끝까지 포기하

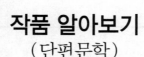

작품 알아보기
(단편문학)

지 않고 늑대에 맞서는 모습에서, 스스로 선택한 길에 최선을 다하는 삶의 자세를 보여 주기도 한다.

〈아를의 여인〉은 프랑스 프로방스 지방에 사는 한 젊은이의 슬픈 사랑 이야기로, 아름다운 농촌을 배경으로 인간의 정념이 빚어내는 서글픈 사연을 그리고 있다. 이 이야기는 뒤에 도데가 희곡으로 고쳐 썼으며, 비제가 오페라로 작곡하기도 하여 더욱 유명해졌다.

〈코르니유 영감님의 비밀〉에서 주인공 코르니유 영감은 60년 이상 풍차 방앗간에서 밀을 빻는 일을 하였다. 그런데 증기 제분 공장이 들어서면서 풍차 방앗간들은 일감을 잃게 되었고, 하나 둘 문을 닫기 시작했다. 하지만 이상하게도 코르니유 영감의 풍차는 항상 돌고 있었고, 일감이 끊이지 않았다. 그것은 영감이 마지막으로 남은 풍차 방앗간의 자존심을 지키기 위해 빈 방아를 돌려 사람들의 눈을 속였기 때문이었다. 이 작품은 옛것을 고집하는 풍차 방앗간 노인이 기계 문명에 밀려나는 모습을 그리고 있다. 작가는 이 이야기를 통해 옛것이 사라지는 현실은 안타깝지만, 이 세상의 모든 것에는 끝이 있다는 사실을 잔잔하게 담아내고 있다.

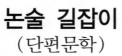

논술 길잡이
(단편문학)

❶ 다음은 〈별〉에서 목동의 생각을 나타낸 것이다. 여기서 알
수 있는 목동의 성격을 써 보자.

> 나는 그 잠든 얼굴을 지켜보며 꼬박 밤을 새웠다. 가슴이 설렘을 어
> 쩔 수 없었지만, 그래도 내 마음은 오직 아름다운 것만을 생각하게 해
> 주는 그 맑은 밤하늘의 비호를 받아, 어디까지나 순결함을 잃지 않았다.

....

....

....

....

....

....

....

논술 길잡이
(단편문학)

❷ 다음은 〈어머니〉에 나오는 그림이다. 보고 싶었던 아들을 만
난 어머니의 심정이 어떨지 상상해서 써 보자.

논술 길잡이
(단편문학)

❸ 〈코르니유 영감님의 비밀〉에서 코르니유 영감님의 비밀은 무엇인지와 코르니유 영감님이 왜 그런 비밀을 갖게 되었는지에 대해 써 보자.

....

....

....

....

❹ 〈스강 씨네 새끼산양〉을 읽고, 이 이야기를 통해 작가가 말하고자 하는 것이 무엇인지 써 보자.

....

....

....

....

....

논술 길잡이
(단편문학)

❺ 아래 그림은 〈마지막 수업〉의 한 장면을 나타낸 것이다. 프
란츠가 사는 마을은 독일군에게 점령당해 더 이상 프랑스
어를 쓸 수 없게 되었다. 만약 우리 나라에 이러한 상황이
벌어져서 우리말을 사용할 수 없게 되면 어떻게 될까? 자유
롭게 상상해서 써 보자.

논술 길잡이
(단편문학)

❻ 이 책에 실린 도데의 작품 중 가장 기억에 남는 이야기는 무엇인가? 내용을 떠올려 보고 줄거리를 적어 보자.

....

....

....

....

❼ 도데가 프랑스 문학에서 차지하는 위치와 비중에 대해 조사해서 써 보자.

....

....

....

....

....

논·술·세·계·대·표·문·학 〈전60권〉

펴 낸 이	정재상
펴 낸 곳	훈민출판사
주　　소	경기도 고양시 덕양구 원당동 416번지
대 표 전 화	(031)962-3888
팩　　스	(031)962-9998
출 판 등 록	제395-2003-000042호

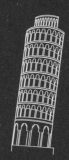